CB061102

Copyright © 2021 por
Elisa Tawil

Todos os direitos desta publicação reservados à Maquinaria Sankto Editora e Distribuidora LTDA. Este livro segue o Novo Acordo Ortográfico de 1990.

É vedada a reprodução total ou parcial desta obra sem a prévia autorização, salvo como referência de pesquisa ou citação acompanhada da respectiva indicação. A violação dos direitos autorais é crime estabelecido na Lei n.9.610/98 e punido pelo artigo 194 do Código Penal.

Este texto é de responsabilidade do autor e não reflete necessariamente a opinião da Maquinaria Sankto Editora e Distribuidora LTDA.

Diretor Executivo
Guther Faggion

Diretor de Operações
Jardel Nascimento

Diretor Financeiro
Nilson Roberto da Silva

Editora Executiva
Renata Sturm

Editora
Gabriela Castro

Direção de Arte
Rafael Bersi, Matheus Costa

Revisão
Laila Guilherme

Assistente editorial
Vanessa Nagayoshi

Redação
Mayara Facchini

DADOS INTERNACIONAIS DE CATALOGAÇÃO NA PUBLICAÇÃO (CIP)
ANGÉLICA ILACQUA – CRB-8/7057

Tawil, Elisa
   Proprietárias : a ascensão da liderança feminina no setor imobiliário. Elisa Tawil. – São Paulo: Maquinaria Sankto Editora e Distribuidora LTDA, 2021.
   208p.

   ISBN 978-65-88370-30-8

   1. Mercado imobiliário – Brasil 2. Mulheres I. Título
21-3584   CDD-333.3322

ÍNDICE PARA CATÁLOGO SISTEMÁTICO:
1. Mercado imobiliário – Brasil

---

maquinaria EDITORIAL

R. Ibituruna, 1095 – Parque Imperial, São Paulo – SP – CEP: 04302-052
www.mqnr.com.br

Elisa Tawil

PROPRIE_
TÁRIAS

A ascensão da
liderança feminina
no setor
imobiliário

mqnr

Ler o livro da Elisa ressoou a sua voz firme, entusiasmada. Como em nossas conversas, terminei a leitura com uma sensação de unidade. Somos individualmente parte de um movimento só: de humanidade. Que os leitores experimentem esse sentimento de bondade e benevolência em relação aos semelhantes e compaixão aos menos favorecidos que a presença da autora nos traz.

CAROLINA RAFAELLA FERREIRA
Sócia no CRF Advogados

Ter cruzado com Elisa na minha jornada profissional me trouxe uma consciência mais ampliada sobre todas as questões da presença feminina no mercado imobiliário. Um mercado constituído de tanta energia masculina finalmente ganha um livro para as lideranças desenvolverem habilidades femininas.

ROMEO BUSARELLO
Professor da ESPM, Insper, FIA e StartSe,
advisor, investidor e mentor

De forma objetiva, com importantes exemplos e métricas que validam o universo feminino no setor imobiliário, a obra de Elisa Tawil consegue ampliar nosso conhecimento sobre os temas liderança e investimento, tendo a mulher como ponto focal nesta conversa.

GUSTAVO ZANOTTO
*Executivo do mercado imobiliário,
startup mentor e advisor*

Elisa é daquelas mulheres que possuem uma força imensa na sua voz e na sua fala. Ela é um símbolo para nós, mulheres que trabalham no mercado imobiliário, pois foi a pioneira ao levantar nossa bandeira nesse mercado tão masculinizado. O livro é essa força materializada em números e fatos que mostram o quanto ainda temos para avançar.

RAQUEL TREVISAN
*Youtuber, gestora há duas décadas no mercado imobiliário
e integrante do Mulheres do Imobiliário*

SUMÁRIO

PREFÁCIO 9
INTRODUÇÃO 13

PARTE UM
QUEM CASA QUER CASA? 19

PARTE DOIS
A JORNADA DA HEROÍNA DO IMOBILIÁRIO 51

PARTE TRÊS
LÍDERES DO FUTURO 71

PARTE QUATRO
O LADO FEMININO DO MERCADO IMOBILIÁRIO 95

PARTE CINCO
MULHERES DO IMOBILIÁRIO 117

PARTE SEIS
PROTAGONISTAS 131

PARTE SETE
AS PROPRIETÁRIAS 151

AGRADECIMENTOS 199
REFERÊNCIAS BIBLIOGRÁFICAS 202

Dedico este livro às mulheres que constroem, mantêm e replicam suas propriedades.

Agradeço à minha família: meu marido, Marc, e meus filhos, Cora e Josh. Agradeço a cada mulher que se uniu ao movimento **MULHERES DO IMOBILIÁRIO** e a todos que respeitam a nossa causa.

PREFÁCIO

Por muito e muito tempo, nossa sociedade foi dividida em pequenas caixas, identificando quem podia e quem não podia exercer determinada atividade. Desde a nossa infância, aprendemos o que é brincadeira de menino e o que é brincadeira de menina. No Clube do Bolinha, a Luluzinha e suas amigas não entravam.

Para além do ambiente cultural, crescemos em um mundo dominado por homens no qual a presença masculina sempre esteve associada às conquistas, ao desenvolvimento econômico, às transformações sociais e aos grandes descobrimentos de nosso universo.

A história, por si, foi construída e contada sob um ponto de vista extremamente parcial, em que coube aos homens o papel principal e às mulheres apenas personagens coadjuvantes. Nossos heróis eram colossos destemidos. Nossas heroínas, princesas encantadas.

Porém, o mundo mudou e continua em plena transformação. A expressão "o lugar da mulher é onde ela quiser" nunca foi tão conveniente e atual. Começamos a romper barreiras e a ocupar ambientes até então impossibilitados. Somos chefes de família, cientistas, empresárias e presidentes. Voamos ao espaço e desenvolvemos novas tecnologias. Decidimos o que queremos ser e realizamos nossos próprios sonhos, sozinhas ou acompanhadas.

Prova disso é este relato de Elisa Tawil. Em **PROPRIETÁRIA, A ASCENSÃO DA LIDERANÇA FEMININA NO SETOR IMOBILIÁRIO**, nos confrontamos novamente com a presença feminina em um reconhecido território masculinizado pelas crenças culturais. E, como em muitos outros territórios, a dura e necessária luta da mulher para construir seu próprio destino.

ANA FONTES
Empreendedora social, fundadora da RME e do Instituto RME. Delegada Líder BR W20/G20, foi eleita Top Voices LinkedIn 2020 e uma das 20 mulheres mais poderosas do Brasil pela Forbes BR 2019.

"Eu não estou mais aceitando as coisas que eu não posso mudar. Eu estou mudando as coisas que não posso aceitar." – **ANGELA DAVIS**

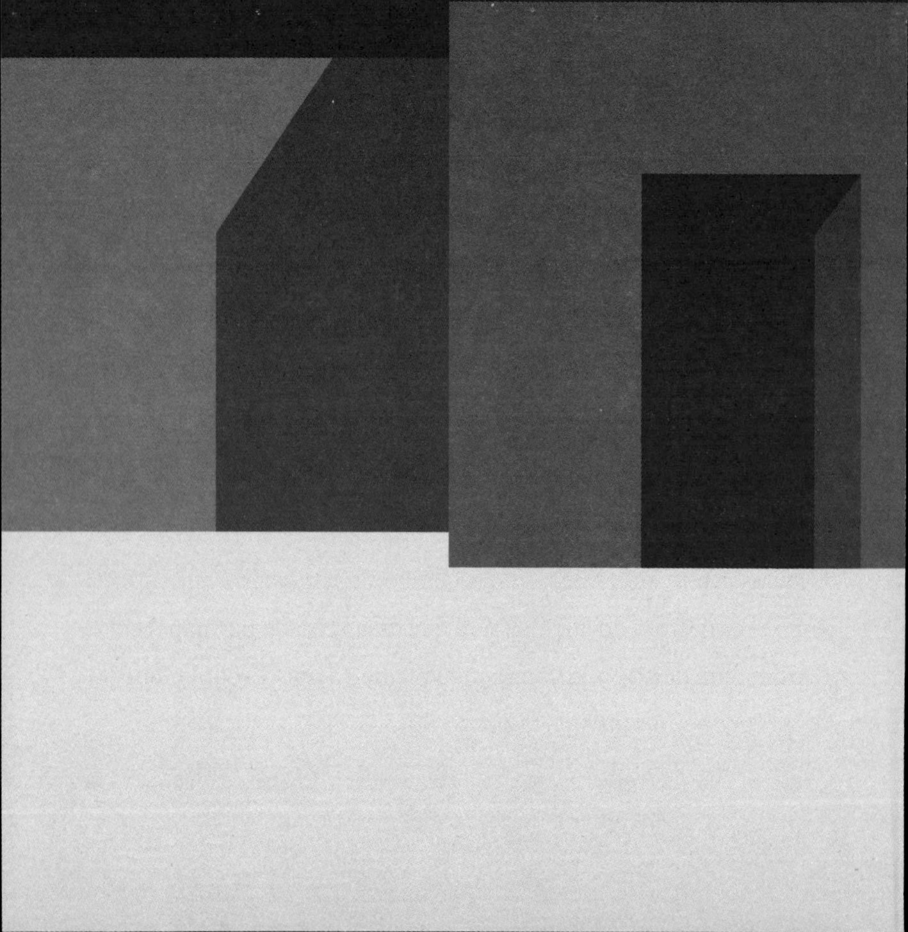

INTRODUÇÃO

Espera-se que a vida adulta se manifeste pela dinâmica de ter um trabalho, ganhar uma remuneração recorrente, constituir uma família e construir um patrimônio.

Um ditado popular, que rege o setor imobiliário há décadas, é o conhecido "quem casa quer casa". Contudo, nos dias de hoje, a estrutura que movimenta o mercado de imóveis passa por um processo revolucionário, como o próprio entendimento de família.

A ideia de criar e gerir um patrimônio ainda está bastante vinculada ao legado de uma figura masculina que conquista, muitas vezes, não um, mas uma rede de imóveis, enquanto a figura da mulher tem sido encarada, ao longo dos anos, unicamente como uma gestora do lar. Mas será que essa verdade permanece?

Em maio de 2009, comprei meu primeiro imóvel com recursos próprios: era um apartamento de 70 m², na planta. Estava com 28 anos, solteira e trabalhando numa incorporadora de

São Paulo. Lembro que, quando decidi sair do apartamento que estava alugando para investir em um imóvel meu, algo próprio, ouvi do meu pai alguns questionamentos sobre o meu futuro, preocupado se eu não iria me casar, por exemplo.

Estávamos sentados no sofá do estande de vendas e eu me esforçava para explicar que a aquisição de um imóvel não tinha a ver com a decisão de constituir ou não uma família, mas em vez disso seria um investimento acima de tudo!

Poucos meses depois, conheci Marc, com quem me casei, e aquele apartamento foi essencial para a composição do caixa necessário para o início da nossa vida em família. Vendi meu primeiro imóvel e, com o lucro, investi naquela fase da minha vida que estava começando. Sim, foi um excelente investimento!

A dúvida que meu pai teve ao questionar a minha decisão (adquirir um imóvel antes de me casar) pode ter se originado do próprio conceito de patrimônio e da etimologia dessa palavra, que se refere ao pai e está relacionada ao pertencimento à mão do homem. Já o conceito de matrimônio, que está mais atrelado à figura da mulher, é de uma relação materna e de responsabilidade do lar.

A série *Coisa Mais Linda*, da Netflix (de 2019, criada por Heather Roth e Giuliano Cedroni), que fez muito sucesso, trouxe diversos questionamentos sobre a independência feminina, que, infelizmente, ainda é muito recente e está longe de atingir a equidade e a igualdade ideais. Quando a personagem Malu (Maria Casadevall) se vê completamente abandonada pelo marido e impedida de acessar seus próprios bens, precisa recorrer a meios ilícitos para conseguir seguir com o sonho de ter seu próprio imóvel comercial, o bar "Coisa Mais Linda", e assim gerar a renda necessária para sustentar a própria casa e o filho.

A história dela é a mesma de muitas mulheres que, devido às circunstâncias em que se encontravam, foram obrigadas a assumir a liderança de seus lares e a se tornar chefes de família. Isso, muitas vezes, sem terem acesso ao próprio patrimônio a que teriam direito ou sem terem ainda construído algum.

As mulheres começam a se inserir no mercado imobiliário, seja por conta das adversidades impostas pelas limitações sociais, seja pela necessidade de encontrar um caminho para a independência financeira ou ainda pela sua atuação como principal gestora do lar, assumindo a figura de proprietárias. Desconstruindo referências tradicionais antiquadas, é possível construir um mercado imobiliário vanguardista, diversificado, com mais equidade de gênero, e, assim, contemplar e impactar diretamente as mulheres e a prosperidade do setor no Brasil.

Mas se engana quem acha que a influência das mulheres no imobiliário é recente. Por exemplo, elas interferem diretamente

> **Desconstruindo referências tradicionais antiquadas, é possível construir um mercado imobiliário vanguardista, diversificado, com mais equidade de gênero, e, assim, contemplar e impactar diretamente as mulheres e a prosperidade do setor no Brasil.**

no processo de compra de um imóvel. São muitos os homens que só tomam a decisão de adquirir uma propriedade após conversarem com suas companheiras. Além disso, as mulheres também influenciam a jornada de compra por tenderem a valorizar mais a figura de corretores de imóveis e imobiliárias, pesquisarem mais nos sites e portais dedicados ao mercado imobiliário e costumarem a ser mais críticas na análise das propriedades disponíveis para a compra. Apresentarei, ao longo do livro, as pesquisas que apontam esses dados.

Sendo assim, é importante reconhecer o papel da mulher no setor imobiliário como a compradora e investidora que ela é. Há que se considerar também que hoje muitas mulheres são chefes de família e, por vezes, já possuem condição financeira para adquirir os próprios imóveis. Nos últimos quinze anos, segundo dados do Instituto de Pesquisa Econômica Aplicada (Ipea), quase metade dos lares brasileiros é chefiada por mulheres.

A influência das mulheres que batalham dentro do setor também faz a diferença. Idealizado e cofundado por mim, em 2018, o **MULHERES DO IMOBILIÁRIO** é o movimento que tem como missão apoiar, capacitar e promover o *networking* entre as mulheres desse mercado. O grupo, que já tem importantes projetos realizados, é o primeiro movimento e núcleo dedicado à equidade e à diversidade no imobiliário e, hoje (2021), já conta com mais de 700 integrantes no Brasil e no exterior.

Entretanto, o setor como um todo ainda precisa abraçar a causa da equidade e da diversidade e o papel da mulher, dentro e fora dele. Para isso, é necessário um conhecimento mais aprofundado da transformação que está em processo, sob o ponto de vista social e econômico do país e do mundo.

Nos próximos capítulos, vamos traduzir com mais clareza a ascensão da liderança feminina, a relevância da mulher no setor imobiliário e os dilemas que ela enfrenta no dia a dia para assumir o protagonismo como proprietária e responsável pela construção e pela gestão de seu patrimônio. Boa leitura!

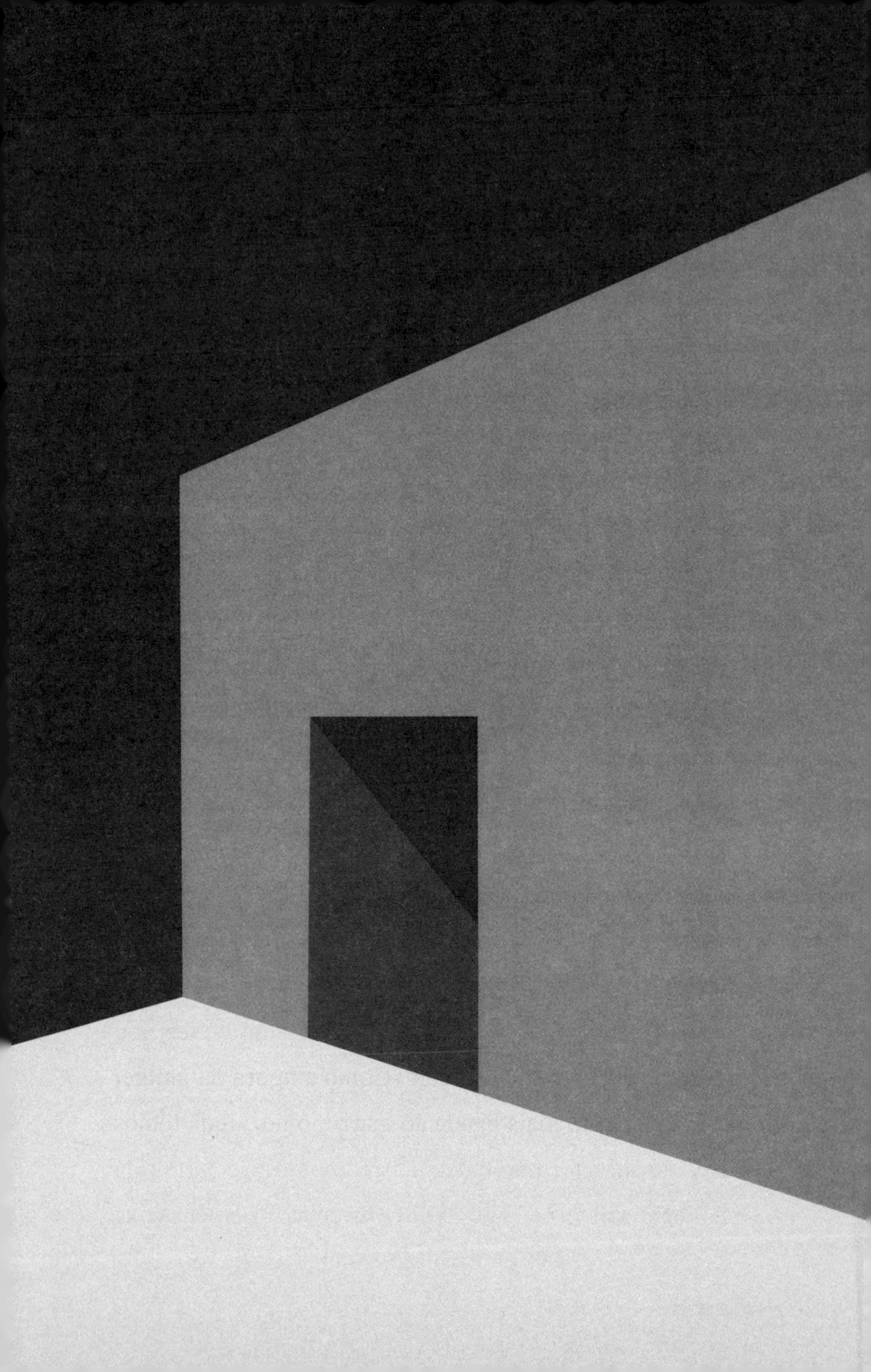

PARTE UM

QUEM CASA QUER CASA?

A primeira vez que ouvi o nome do economista francês Thomas Piketty foi por meio de Raquel Preto, PhD, doutora em Direito Tributário e primeira diretora-tesoureira mulher na história da OAB-SP. Ela mencionou, em uma de suas lives no Instagram, o livro *O Capital no século XXI*, obra em que Piketty aborda as desigualdades crescentes de renda e patrimônio. Em seu mais recente livro, *Capital e ideologia* (2019), ele afirma que "a desigualdade é acima de tudo ideológica".

Dentro de um contexto histórico, o patrimônio – e a ideia de sua construção – nunca esteve nas mãos das mulheres, apesar da forte influência que exercem. Como a figura da mulher sempre esteve muito mais ligada ao matrimônio, ainda temos a sensação de que a formação de um patrimônio só é permitida para a mulher quando, por alguma circunstância, o homem deixa de existir naquele cenário (quando ele morre, por exemplo, ou quando ela recebe uma herança).

> Em teoria, as mulheres tinham, segundo o Código Civil, os mesmos direitos que os homens em matéria de distribuição de riquezas. Contudo, a esposa não podia dispor livrementte de seus bens (as assimetrias nesse tema – abertura e gestão de contas bancárias, vendas de bens, entre outras – só desapareceram por completo nos anos 1970), e assim na prática o novo direito era, antes de tudo, favorável aos chefes de família (os irmãos mais novos adquiriram os direitos dos primogênitos, mas as filhas continuaram à margem das mudanças)[1].

Com isso, percebemos que, historicamente, a autonomia das mulheres ainda está em desenvolvimento. No Brasil, foi só na década de 1960 que a mulher não precisou mais da permissão de um homem para ter uma conta bancária, e foi apenas na Constituição de 1988 que a igualdade de deveres e direitos ficou realmente declarada. Foram muitos ciclos de emancipação e libertação, com o amadurecimento dos movimentos femininos e a evidência de que esta conquista histórica por independência e equidade de gênero ainda está em curso – e,

---

1. Thomas Piketty, *O capital no século XXI*. Rio de Janeiro: Intrínseca, 2014.

consequentemente, a construção desse patrimônio por mãos femininas vem sendo aprendida. A participação feminina na sociedade civil está amadurecendo, tomando corpo e consistência, daí a importância de falarmos sobre esse espaço ocupado: porque é um caminho sem volta. O mesmo acontece dentro do mercado imobiliário.

Quando trazemos esse movimento de libertação para o contexto de compra, venda e investimento em imóveis, a mulher deixa de ser somente a figura da companheira e da protetora do lar e dos filhos para ser aquela que pode pensar no futuro com uma autonomia que antes não possuía.

Não vincular a mulher à ideia de construção de patrimônio é retirá-la da possibilidade de protagonizar a construção de bens e de propriedade e mantê-la como coadjuvante em um papel no qual ela tem total capacidade de atuar.

MAS, AFINAL, O QUE É PATRIMÔNIO?

Para começar, vamos analisar a etimologia da palavra: patrimônio vem do latim *patrimonium* e refere-se a tudo que pertence ao *pater*, ou seja, ao pai. Um patrimônio é a construção de bens, sejam eles físicos, morais, duráveis ou intangíveis, que pertencem a uma pessoa ou a uma instituição.

Um patrimônio é sempre composto por uma parte ativa e uma passiva. A parte ativa diz respeito aos bens e direitos e é o que gera valores positivos. Já a parte passiva representa o lado negativo do patrimônio e está vinculada às obrigações.

Um bem é tudo aquilo que gera valor e pode ser convertido em dinheiro. Podemos dividir essa classificação em quatro subcategorias:

- **BENS TANGÍVEIS:** como o próprio nome aponta, são aqueles que podem ser tocados. São os bens materiais e concretos, como um carro, um terreno, uma casa ou o próprio dinheiro.
- **BENS INTANGÍVEIS:** são os bens abstratos que não podem ser tocados, como uma patente, uma marca ou um ponto comercial.
- **BENS MÓVEIS:** são os bens concretos que podem ser realocados sem causar nenhum dano ou rompimento de estrutura.
- **BENS IMÓVEIS:** são justamente o oposto dos bens móveis e, apesar de concretos, não podem ser retirados de onde estão sem que isso cause um grande dano, como é o caso de construções, por exemplo.

Quando analisamos o patrimônio dentro do recorte do mercado imobiliário, estamos falando, principalmente, de bens imobiliários, ou seja, as casas, os lotes, os terrenos ou os fundos de investimento.

Uma vez que toda a construção de patrimônio ainda está muito vinculada à figura masculina, para trazer a mulher para o papel de protagonista nessa narrativa é necessário que passemos a vê-la como uma possível investidora e provedora que tem o poder não só de decidir pelo seu lar, mas também de construí-lo. Assim, a mulher se distancia da figura matrimonial – e de ser apenas a parte *mater*, ou seja, materna do lar – para exercer também seu lado *pater*.

> **Quando a mulher tem o poder de tomar uma decisão, é ela quem determina como construir o seu futuro e o seu patrimônio.**

Quando a mulher tem o poder de tomar uma decisão, é ela quem determina como construir o seu futuro e o seu patrimônio. Ela passa a poder escolher onde vai morar, com quem vai morar, como vai pagar e se vai ter uma casa própria ou não. No mercado atual, já existem opções de contratar a assinatura de uma casa e outros modelos de moradia que exploram o compartilhamento de espaços, como *colivings* e *cohousings*. Essas são formas de moradia mais acessíveis, com contratos de menor prazo que ajudam especialmente quem não tem uma rede de apoio por perto, por exemplo.

O importante aqui é a mulher assumir o protagonismo na tomada de decisão, para que possa começar a equilibrar o que chamaremos de poderes feminino e masculino. Veremos mais adiante de que forma eles se comportam e como podem coexistir.

A IMPORTÂNCIA DO PATRIMÔNIO

Pensar no futuro e planejar a independência financeira por meio da construção de um patrimônio é possibilitar a escolha sobre *como, onde* e *por que* investir e qual *legado* se pretende deixar.

Quando a mulher percebe que não precisa mais figurar como coadjuvante do homem e que é dona de suas escolhas, passa a valorizar aquilo que ela própria faz. Quando constrói seu patrimônio, vislumbra não só a independência financeira, como também a independência de vida.

Historicamente, sempre tivemos a percepção de que o dinheiro da mulher vale menos, graças principalmente ao *gender pay gap*, a diferença salarial em que a mulher ganha, em média, apenas 75% do salário do homem. Essa percepção é uma realidade que precisamos encarar. A diferença salarial entre mulheres e homens "é tão grande que levará 202 anos para ser completamente sanada", segundo o Fórum Econômico Mundial (FEM)[2].

Quantas vezes ouvimos que uma mulher está trabalhando para comprar "suas coisas extras" ou pagar pelo cabeleireiro? É como se o dinheiro da mulher fosse menos relevante. Entretanto,

---

2. Mariangela Castro, Mulheres só ganharão o mesmo que homens em 202 anos, diz Fórum Econômico Mundial. *Infomoney*, 8 mar. 2019. Fonte: https://www.infomoney.com.br/carreira/mulheres-so-ganharao-o-mesmo-que-homens-em-202-anos-diz-forum-economico-mundial/. Acessado em: 27 ago. 2021.

à medida que colocamos essa mulher na figura de investidora e construtora do seu patrimônio, ela passa a perceber que seu dinheiro tem o mesmo peso e a mesma importância que o dinheiro do homem.

Não quero dizer com isso que gastar com um cabeleireiro seja algo supérfluo ou fútil, pois cada uma faz suas escolhas, mas, quando estamos conscientes dessa percepção, conseguimos construir um entendimento de que o dinheiro também trabalha na equidade e tem o mesmo peso e a mesma medida – ou até mais valor, considerando que as mulheres têm uma jornada múltipla de trabalho e precisam fazer um esforço extra para conseguir conquistar a remuneração no final do período.

Essa valorização das nossas escolhas é um ganho histórico que deve ser trazido para a consciência, pois muitas vezes fica no inconsciente e passa despercebido. Por exemplo, quando falamos "ah, vou comprar um sapato porque eu mereço, é meu dinheiro suado que eu dei duro para conquistar", será que estamos falando isso de forma consciente? Será que estamos mesmo *incorporando* os nossos ganhos?

Em abril de 2020, entrevistei para o meu podcast (Vieses Femininos) a planejadora financeira e consultora de investimentos Viviane Ferreira, que fez uma campanha muito interessante chamada "Não compre sapatos, faça investimentos". Na pesquisa que ela apresentou, a grande maioria das mulheres demonstrou comprar mais sapatos do que o necessário, quando poderia aplicar esse dinheiro como uma das estratégias para alcançar a independência financeira ou uma vida mais equilibrada.

Caso queira ouvir a entrevista na íntegra, acesse[3]:

A cultura dos investimentos é algo que nós, mulheres, acabamos não adquirindo, porque em geral não falamos de dinheiro, uma vez que esta palavra não chegava ao vocabulário feminino, do mesmo jeito que *patrimônio* também não. Se o patrimônio não chegava – e o patrimônio está muito ligado a essa ideia de construção, de tijolo –, por associação entendemos que a mulher também não chegava a esses espaços. Portanto, agora precisamos desconstruir esse caminho e trazer as mulheres para falar sobre os bens que envolvam também tijolos.

POR QUE ESTE NÃO É UM ASSUNTO FEMININO?

Antigamente, quando uma conversa se voltava para o dinheiro, as mulheres sempre eram retiradas da sala. Contudo, agora

---

3. Para ouvir, basta abrir o aplicativo do Spotify, clicar em "buscar" e em seguida no ícone da câmera, que fica no canto superior direito. Aponte o seu celular para o QrCode, como se fosse tirar uma foto, e aguarde ser redirecionado para a faixa.

estamos adquirindo a possibilidade de falar sobre esse assunto ao assumirmos posições importantes de liderança em diversas áreas, incluindo a financeira. Christine Lagarde, por exemplo, é a primeira presidente mulher do Banco Central Europeu, o nome máximo de um dos maiores centros econômicos do planeta. Outra mulher importante que assume um papel significativo dentro de uma estrutura financeira é Cristina Junqueira, cofundadora e CEO do Nubank no Brasil, que em junho de 2021 recebeu um aporte de 500 milhões de dólares, resultando na maior rodada de investimentos já realizada por uma empresa de tecnologia privada da América Latina.

O ranking divulgado pela Forbes[4] com as dez mulheres mais ricas do mundo no ano de 2021 traz na sétima posição a chinesa Yang Huiyan, acionista majoritária da Country Garden Holdings, uma empresa de desenvolvimento de imóveis com sede na província de Guangdong, na China. Seu pai fundou a companhia em 1992 e transferiu 70% das ações da Country Garden para ela em 2007. Sua fortuna é estimada em 29,6 bilhões de dólares.

Quando uma mulher assume posições significativas de liderança dentro de estruturas financeiras que falam de valores, nós

---

4. Deniz Çam, As 10 mulheres mais ricas do mundo em 2021. *Forbes*, 8 abr. 2021. Fonte: https://forbes.com.br/forbes-money/2021/04/as-10-mulheres-mais-ricas-do--mundo-em-2021. Acessado em: 8 jun. 2021.

conseguimos desconstruir a visão masculina do patrimônio e trazer a figura da mulher para essa cena, seja no entendimento de formação de portfólio ou de tomada de decisão, seja na compra ou na gestão do próprio imóvel, seja em investimentos no setor.

Historicamente, existe uma enorme dificuldade de associar a figura feminina a compra, venda, gestão e construção de patrimônio. Presenciei esse tipo de postura em minha trajetória profissional durante alguns momentos de negociação, principalmente de valores. Eram sempre os homens que estavam na mesa, como se as mulheres não pudessem falar sobre aquilo, não pudessem negociar ou sequer compreendessem o que estava sendo dito e feito.

A escritora e palestrante americana Lynne Twist é reconhecida pelo seu comprometimento com o alívio da pobreza, trabalhando para acabar com a fome no mundo e apoiando a justiça social e a sustentabilidade ambiental. Em sua palestra "Liberdade da cultura do dinheiro" (*"Freedom from the money culture"*) para o TEDX Talk, Twist explica sobre a fluidez do dinheiro e traz um exemplo comovente sobre sua experiência em arrecadações de recursos para o combate à fome. A autora do best-seller *A alma do dinheiro* conta que, em determinada ocasião, esteve em uma enorme mesa de reuniões com um CEO que a encarou quieto por alguns minutos, ouvindo sobre seus projetos na África, antes de retirar um cheque de 50 mil dólares da gaveta e entregar-lhe como contribuição, sem ao menos perguntar ou interagir com o tema. Em seguida, ela relata a dificuldade de conseguir chegar a uma palestra, no porão de uma igreja, para a população afro-americana, que a aguardara por horas para conhecer mais sobre seus projetos e suas ações pelo combate à fome. Após as explicações, uma mulher se levantou, contou que não tinha conta bancária, nem cartão de crédito, e que ganhava seu dinheiro lavando roupas, mas, juntando tudo o que tinha, doou seus sofridos 50 dólares pela causa, puxando a fila de doações seguintes.

Lynne conta que, naquela noite, ao olhar para o cheque do empresário e os seiscentos e poucos dólares que somaram as doações na igreja, resolveu escrever uma carta ao CEO. A carta dizia que, quando a empresa realmente se compromete com o combate à fome, o dinheiro que provém das doações também se compromete com a causa. Por esse motivo, ela preferia devolver o cheque.

A intenção que colocamos naquilo que fazemos reflete nos resultados. Desde a decisão de criar o primeiro movimento feminino do mercado imobiliário, minha intenção sempre foi de mostrar e reconhecer o espaço conquistado e exercido por nós, mulheres, na sociedade e neste setor, além de como nosso protagonismo deve ser reconhecido pelas nossas capacidades e habilidades.

O CEO que recebeu o cheque de volta deixou a empresa, que se dedicou a compreender e combater a fome no mundo e, alguns anos depois, retornou a Twist uma quantia cinco vezes maior em prol de sua causa.

AFINAL, QUEM CASA QUER CASA?

Nós estamos passando por algo inédito na História: cinco gerações convivem no mesmo ambiente de trabalho ou sob o mesmo teto. Essa integração intergeracional se reflete na forma como nos relacionamos com os setores residenciais e comerciais, à medida que objetivos, desejos e prioridades de cada grupo são marcados por características bem distintas entre eles e acabam influenciando em como cada geração enxerga essas áreas.

Os nascidos entre os anos 1920 e 1940[5], chamados de geração silenciosa, são definidos por um comportamento conformista, mais avesso às tecnologias e sem grandes aspirações pessoais e profissionais. Na lista de suas prioridades, estão passar mais tempo com a família, cuidar da saúde e viajar.

---

5. The generations birth years. *Jason Dorsey*, [s.d.]. Fonte: https://jasondorsey.com/about-generations/generations-birth-years/. Acessado em: 9 jul. 2021.

Os que nasceram entre os anos de 1946 e 1964 são os chamados *baby boomers*, que receberam esse nome por fazerem parte da explosão de nascimentos que ocorreram após a Segunda Guerra Mundial. São pessoas que ajudaram a reconstruir seus países e, por isso, valorizam conquistas econômicas e estabilidade, mas são receosas em relação à inovação.

A geração x é composta dos nascimentos entre os anos 1965 e 1976 e traz consigo um viés ideológico bastante forte: seus integrantes dão valor à liberdade, aos direitos individuais, e querem romper paradigmas. São pessoas que presenciaram o movimento *hippie* e a Ditadura Militar. Apesar disso, ainda receiam mudanças e possuem grande foco na busca de prosperidade por meio do trabalho, lição herdada dos pais *baby boomers*. É uma geração que atingiu sua maioridade em meio ao aumento vertiginoso das taxas de divórcio (que, no Brasil, foi legalizado em 26 de dezembro de 1977) e é marcada pela nova tendência de ambos os pais trabalharem.

Os *millennials*, também chamados de geração Y, são pessoas nascidas entre os anos de 1977 e 1995 e apresentam uma grande diferença comportamental em relação às gerações anteriores: são classificados como mais egoístas, menos responsáveis e, teoricamente, não se importam com a estabilidade no trabalho. Por outro lado, são reconhecidos como mais criativos e engajados em causas sociais. A geração Y está finalmente entrando em sua fase de acumulação de riqueza e começando uma família e é um público que certamente já influencia o mercado imobiliário brasileiro.

Por fim, a geração z é composta por pessoas nascidas entre os anos de 1996 e 2015, os nativos digitais. Ela já recebeu vários nomes e pode ser classificada por sua vulnerabilidade, por sua preocupação com causas sociais e com o meio ambiente e por sua fascinação com as novas tecnologias. Os integrantes esperam maior transparência sobre o local de trabalho, o compromisso social, o impacto ambiental e a cadeia de abastecimento de uma empresa – e querem isso na forma de vídeos, imagens, histórias, textos e músicas fáceis de entender, porque é isso que mais ressoa nessa geração.

Com cinco gerações decisoras sobre a compra e venda de imóveis, é fundamental que tenhamos conhecimento de como a distribuição de comportamentos está representada na nossa sociedade. Conforme podemos ver no gráfico a seguir, a população brasileira é composta por 48,2% de homens e 51,8% de mulheres. Entre os 40 e 54 anos, as mulheres são 9,5% (18.135.542) da população, enquanto os homens somam 8,8% (16.847.578). Ou seja, quase 1,3 milhão de mulheres a mais na faixa etária que mais adquire imóveis, segundo os dados históricos sobre o perfil que demanda imóveis coletados pelo Raio-X FipeZap (1º trimestre de 2021)[6].

População residente, segundo o gênero e os grupos de idade (%) [2019 gráfico adaptado]

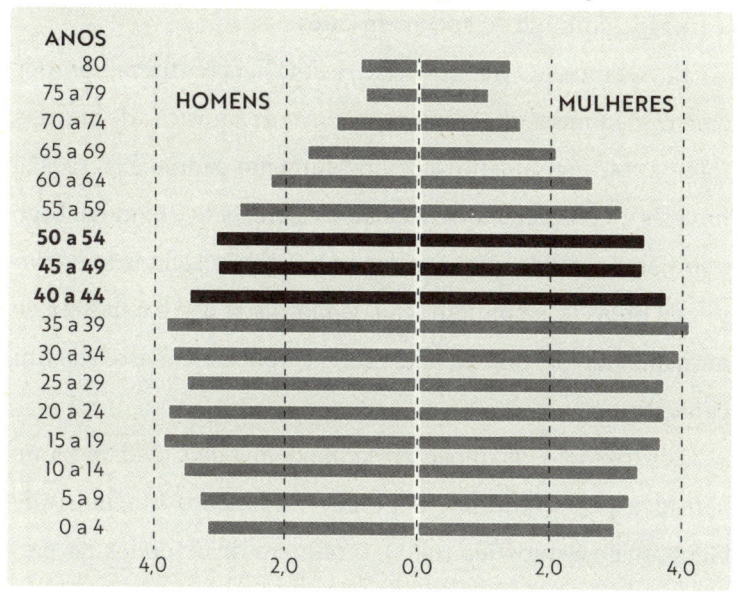

ANOS	HOMENS	MULHERES
80		
75 a 79		
70 a 74		
65 a 69		
60 a 64		
55 a 59		
50 a 54		
45 a 49		
40 a 44		
35 a 39		
30 a 34		
25 a 29		
20 a 24		
15 a 19		
10 a 14		
5 a 9		
0 a 4		

4,0   2,0   0,0   2,0   4,0

O jargão "quem casa quer casa" é muito comum no mercado imobiliário, pois transmite a ideia de que quem está se casando

---

6. Amanda Bueno, Participação de investidores entre compradores de imóveis encerra 2020 em alta. *FizeZap*, 12 fev. 2021. Fonte: https://fipezap.zapimoveis.com.br/participacao-de-investidores-entre-compradores-de-imoveis-encerra-2020-em-alta/. Acessado em: 24 jul. 2021.

procura um lar e, portanto, um lugar para morar. Nesse contexto, a relação entre matrimônio e patrimônio acaba ficando ainda mais evidente: o patrimônio carrega a ideia da figura masculina da construção (quer casa), enquanto o matrimônio traz a energia feminina do lar (quem casa).

Entretanto, por mais que exista uma ligação direta e proporcional do número de casamentos com o de aquisição de imóveis, repetir esse pensamento e comportamento padrão e cultural é um viés inconsciente que precisa ser percebido e evitado. Digo isso porque, ainda que o casamento esteja relacionado à compra de imóveis, a configuração de família já não é a mesma de antigamente, portanto a aquisição não pode estar atrelada unicamente a ela.

Por exemplo, os impactos da pandemia da Covid-19 foram sentidos pelas famílias. Segundo o Instituto Brasileiro de Geografia e Estatística (IBGE), o número de divórcios no país cresceu 75% em cinco anos e, em 2020, as separações somaram 7,4 mil apenas em julho, representando um aumento de 260% em relação à média dos meses anteriores. Com isso, uma moradia pode precisar se dividir em duas, e os imóveis passam a ser um lugar de transição, já que os ambientes, quando falamos em lar, trazem muitas memórias afetivas. Em períodos delicados como esse, a perspectiva de poder mudar de casa com mais facilidade para reconfigurar a família coloca o "quem casa quer casa" em xeque, porque pode ser difícil se separar dessas memórias.

Hoje em dia, casais jovens já não querem ter um imóvel, e o sonho da casa própria ficou no passado com a geração dos *baby boomers*. Os *millennials* são a geração que mexeu com a dinâmica "estática" do setor, por procurarem mais mobilidade e a flexibilidade para experimentar bairros à medida que a necessidade surge.

Com a evolução do conceito de "família", a ideia de construir um patrimônio por meio de um imóvel acaba transformando a percepção de não ser apenas um lugar para morar, como também uma possibilidade para rendimento, diversidade de investimentos e, sobretudo para as mulheres, um marco em sua independência.

E aonde quero chegar com tudo isso? À mulher como chefe de família e tomadora de decisões. Quando falamos da sociedade brasileira, a porcentagem de lares comandados por mulheres subiu de 25%, em 1995, para 45%, em 2018[7], ou seja, quase metade dos lares brasileiros tem mulheres como suas principais provedoras. Isso acontece, principalmente, por conta da

---

7. Marina Barbosa, Quase metade dos lares brasileiros são sustentados por mulheres. *Estado de Minas*, 16 fev. 2020. Fonte: https://www.em.com.br/app/noticia/economia/2020/02/16/internas_economia,1122167/quase-metade-dos-lares--brasileiros-sao-sustentados-por-mulheres.shtml. Acessado em: 19 maio 2021.

participação feminina cada vez maior no mercado de trabalho. Apesar da desigualdade salarial, as mulheres têm contribuído mais e mais com a renda familiar.

Agora, vamos pensar nessa mulher que é chefe de família. Qual é o perfil dela? Será que ela quer, de fato, uma casa para morar? Será que quer usar todo o seu potencial financeiro e deixar isso imobilizado? Ou será que já pensa em investir em algo que possibilite rendimento e lucro?

Essa relação mais orgânica com a transformação social, marcada pela evolução da família e pela forma como ela lida com o patrimônio e a construção do seu imóvel, é o que precisamos acompanhar agora. A mulher que se transforma em proprietária.

Levando em consideração que os brasileiros estão se casando menos e, quando se casam, ficando menos tempo juntos (dados de 2019[8] indicam uma média de 13,8 anos até o divórcio), se o matrimônio (*mater*) já não é uma prioridade – nem a grande conquista da vida – e o patrimônio já não pertence somente ao *pater*, será que a máxima do "quem casa quer casa" permanece?

---

8. Estatísticas sociais, Registro Civil 2019: número de registros de casamentos diminui 2,7% em relação a 2018. IBGE, 9 dez. 2020. Fonte: https://agenciadenoticias.ibge.gov.br/agencia-sala-de-imprensa/2013-agencia-de-noticias/releases/29646--registro-civil-2019-numero-de-registros-de-casamentos-diminui-2-7-em--relacao-a-2018. Acessado em: 27 ago. 2021.

Será que quem casa quer um patrimônio? A partir de agora, esse conceito que ficou parado no tempo pode ser encarado até com mais leveza no que diz respeito aos bens imobilizados.

À medida que a mulher vai assumindo figuras de liderança e protagoniza a construção dessa jornada imobiliária, ela (e toda a sociedade) fica cada vez mais próxima de uma revolução do patrimônio e do matrimônio. Começando por não precisar mais vincular esses substantivos a um determinado gênero, e sim às possibilidades diversas de lar, investimento e construção.

CONHECENDO O SETOR IMOBILIÁRIO

O mercado imobiliário permite o desenvolvimento de um patrimônio em diversos segmentos diferentes, mas, para compreendermos melhor as possibilidades dentro desse cenário, temos de esclarecer o que é produção, desenvolvimento e investimento.

Como o setor imobiliário produz

Primeiro, vamos entender do que se trata o setor imobiliário no Brasil. Temos uma referência no modelo americano, chamado de *real estate*, e, quando falamos sobre o mercado brasileiro, muitas vezes o dividimos em dois grupos principais: residencial e comercial. O setor residencial foca na área de moradia, na construção de casas, de condomínios, de prédios, de vilas e de tudo que se refere à moradia. Já o setor comercial abrange tudo que é referente ao trabalho: salas comerciais, lajes corporativas, *coworking* e tudo que está ligado a uma ocupação profissional.

Esses dois setores podem ainda ser subdivididos em mercado primário e secundário. O mercado primário é de intermediação de imóveis lançados por incorporadores, em que os valores mobiliários de uma nova emissão da companhia são negociados diretamente entre a companhia e os investidores – subscritores da emissão –, e os recursos são destinados para os projetos de investimento da empresa ou para o caixa. Sendo o mercado primário aquele composto pelos loteamentos, ele segue um modelo de incorporação em que alguém pode comprar um apartamento direto na planta, por exemplo. O pagamento é feito ao longo da obra e diretamente com a incorporadora e com a construtora. Já o setor secundário é o mercado de intermediação de imóveis já habitados ou prontos para ser habitados, de propriedade dos clientes vendedores, ou seja, em que se compram imóveis prontos e usados.

É possível ainda considerarmos uma terceira divisão, que são os shoppings centers, os centros logísticos, os loteamentos de grandes lajes corporativas. Esse é um setor que, muitas vezes, não conversa com os segmentos residenciais e comerciais, que possuem uma forte correlação não só pela construção civil, como também pela contribuição com o tecido urbano. Aqui, trago meu olhar profissional para pensarmos juntos em como esse tecido urbano precisa ter uma combinação de muitos elementos para que a cidade funcione organicamente. Quando pensamos em um plano diretor consistente, essa combinação de elementos residenciais, de serviços, de comércio, de trabalho e de lazer é essencial para que exista um funcionamento da cidade.

O setor imobiliário é responsável por essa produção; então, considerando aquela primeira divisão que apresentei, os setores residencial e comercial são desenvolvimentos em que o investimento leva em consideração a pessoa física. Você pode comprar uma casa para viver, ou alugar um espaço para trabalhar e até mesmo comprar mais apartamentos ou escritórios como forma de investimento.

Enquanto na "terceira" segmentação, que é a área de centros logísticos, de shoppings e de um corporativo com lajes maiores, geralmente esses investimentos estão relacionados aos fundos imobiliários, que são os gestores desses ativos. São os fundos que compram e administram esses grandes ativos, e você, como pessoa física, pode investir nesses fundos, por meio de aquisição de cotas, e se tornar uma investidora no setor imobiliário.

Como o setor imobiliário se desenvolve

Essa é a área na qual tenho mais experiência, porque trabalhei durante quinze anos no desenvolvimento imobiliário. Sou graduada em Arquitetura e Urbanismo pela Universidade Presbiteriana Mackenzie. Costumam conceder ao arquiteto a atribuição exclusiva de projetar casas. No meu caso, sempre trabalhei "projetando" o desenvolvimento imobiliário.

Os desenvolvimentos geralmente estão vinculados a uma incorporadora, a empresa que faz a organização e a gestão de um produto imobiliário, seja ao procurar os melhores terrenos, seja para negociar as áreas ou desenvolver os projetos arquitetônicos. É o setor responsável por combinar o melhor possível a equipe de desenvolvimento de projetos com a parte legal, de como a estrutura desse projeto vai acontecer e providenciar a legalização de todo esse processo conforme a legislação e a norma do estado ou da cidade onde será desenvolvido. Além disso, vai tratar da parte comercial, do marketing, do lançamento, das vendas, da contratação da construtora e de todo o resto até que, de fato, fique pronto para ser entregue ao proprietário final. Tendo isso em consideração, existe o desenvolvimento imobiliário no setor comercial, no residencial e nos demais setores.

Talvez esse conceito não seja tão óbvio. Quando tento explicar do que se trata, sempre digo que, para construir um prédio, existem a parte concreta e a parte abstrata. A parte concreta é a que envolve o tijolo, a construção em si. A parte abstrata é tudo o que precisa ser feito para um prédio estar de pé. E eu cuido desse abstrato, que não se pode ver nem tocar.

É como uma orquestra, em que há um maestro ou uma maestrina que rege cada um dos naipes de instrumentos. É necessário saber quando as cordas entram com o sopro ou se entram com os metais, por exemplo. Assim como uma série de melodias musicais que precisam de uma condução, o desenvolvimento imobiliário tem que saber qual é o momento de notificar o jurídico, de começar o projeto, de interferir no custo de obra, de falar com o marketing, de iniciar as vendas e de acionar o financiamento. Ele deve garantir que todas as premissas sejam cumpridas para que o empreendimento esteja dentro da legislação e seja entregue no prazo ao cliente final.

Como o setor imobiliário investe

Quando falamos em investimento de maneira prática, queremos dizer que é possível aplicar o valor em algo que idealmente renda mais dinheiro no futuro. Dentro do mercado imobiliário, o investimento está ligado à possibilidade de conseguir investir

> **Precisamos começar a construir esse caminho possível para que a mulher também seja vista como uma figura de investimento no setor.**

não só em fundos, como também em empreendimentos para renda e na própria rentabilidade do setor.

Uma coisa interessante que ouvíamos em estandes de venda era o seguinte jargão de mercado: "Ah, esse produto é perfeito para o investidor". Um prédio comercial com pequenas salas ou um empreendimento de studios próximo a uma universidade, por exemplo, é o que chamaríamos de um "produto perfeito para o investidor". Comecei então a perguntar para essas pessoas: "Como é esse investidor? Qual é o perfil dele?". Será que, alguma vez, alguém pensou na possibilidade de que esse investidor poderia ser uma mulher?

A imagem de um investidor ainda está muito atrelada aos homens, mas devemos quebrar esse paradigma, principalmente ao construirmos a imagem da mulher como possível investidora na mente de vendedores, corretores de imóveis e gestores dos fundos de investimento. Precisamos começar a construir esse caminho possível para que a mulher também seja vista como uma figura de investimento no setor.

O MASCULINO MERCADO IMOBILIÁRIO

O mercado imobiliário, infelizmente, ainda está estabilizado em um tripé de lógica masculina, machista e masculinizada. Mas, antes de discutir como combater essa tríade, é necessário compreender a diferença entre esses pilares, que, à primeira vista, podem parecer a mesma coisa.

Masculino

Basta olhar ao redor para perceber a presença massiva de homens no setor. Na sua esmagadora maioria, homens brancos na faixa dos 50 anos são o perfil-padrão em lideranças de entidades de conselhos ou de empresas. Até cerca de três anos atrás, nos painéis de discussão do setor imobiliário, só se via a presença deles, mas hoje em dia já é possível perceber a participação das mulheres nesse espaço.

Acredito que isso seja o reflexo do contexto mundial que estamos vivendo, além de muito esforço por parte do movimento **MULHERES DO IMOBILIÁRIO**. Nós provocamos o setor para que tivesse esse olhar, e é um mérito que levo com orgulho por ter fundado a entidade e trabalhado nessa direção. O que isso quer dizer, na prática? Que nós fazemos uma mobilização para trazer mais mulheres para o setor, ou então para visibilizar as mulheres que já estavam ali, mas que não eram vistas nem ouvidas.

Machista

Com a ascensão das mulheres em espaços de decisões e opiniões, notamos muitas vezes uma enorme dificuldade dos homens em recebê-las e permitir que elas ocupem seus espaços. Há vários vieses de preconceito de gênero, por acharem que não somos capazes, que não temos opinião, que não podemos falar e que estamos ali apenas para cumprir uma cota ou uma tabela. Para essa visão machista, a mulher só está ali para marcar presença – e, de preferência, que seja bonita para fazer "vistas aos olhos". Por vezes, eles (e algumas mulheres também) acreditam que a mulher não tenha inteligência para trabalhar no setor e que ela não está ali por mérito próprio. Nas poucas oportunidades em que esse espaço é aberto para elas, são convidadas para falar de uma pauta feminina, e não de uma especialidade no setor ou na área que elas dominam. Todas essas atitudes representam como o machismo é expresso no setor.

Masculinizado

O terceiro aspecto é, infelizmente, o papel que muitas de nós precisamos fazer para nos destacarmos em posições de liderança, ou seja, muitas vezes as mulheres precisam se masculinizar para conseguir prosperar. Quando digo *masculinizar*, não quero dizer que devemos colocar terno e gravata e falar grosso, não é nada disso. É sobre precisar anular os diferenciais que temos como mulher. Mais para a frente, falaremos com detalhes sobre a polaridade de forças femininas e masculinas, porém, basicamente, quando uma mulher precisa se masculinizar para conseguir conquistar espaços, isso significa que está sobrecarregando a energia masculina de foco, força, assertividade e direção e deixando de usar o grande diferencial feminino, que é, justamente, expresso por características como criatividade, harmonia, empatia e nossos próprios instintos.

Já ouvi Luiza Helena Trajano, a empresária brasileira que comanda a rede de lojas Magazine Luiza e líder do Grupo Mulheres do Brasil, relatar que, quando ela falava de "instinto" em suas reuniões de conselho, muitos não acreditavam e até riam. Hoje em dia, quando começa a falar sobre seus instintos, a empresa inteira para o que está fazendo para ouvi-la e compreender qual é sua percepção em relação a algo.

Trajano ganhou nosso respeito ao longo dos anos por conta de tudo que conquistou e por tudo que representa, especialmente na luta feminina. Muitas mulheres sentem essa necessidade de anular o próprio diferencial por acreditarem em uma lógica, também masculina, de que o sucesso só pode ser obtido com foco em energias masculinas. Quando prejulgamos que nosso feminino vale "menos", muitas de nós, inconscientemente, acabamos por nos masculinizar ou não nos percebemos como mulheres.

Algumas até podem dizer "ah, esse negócio de igualdade ou equidade não tem nada a ver" ou "nunca passei por nenhuma situação de assédio, nem tive dificuldades em minha carreira. Pode até ser que, de fato, não tenham passado por isso, mas acredito tratar-se de exceções. Muitas nem sequer percebem ou se dão conta de que estão passando por esse tipo de situação.

Quando soube pela responsável do departamento de recursos humanos de uma das empresas em que já trabalhei que ganhava menos do que o gerente que tinha tecnicamente o mesmo cargo que o meu, não acreditei. A pessoa responsável pela folha de pagamentos estava me dizendo com todas as letras que essa distinção acontecia por causa da diferença de gênero entre nós. Demorei alguns anos até perceber que não sabia como encarar essa verdade naquela fase da minha vida. Não tinha maturidade para entender o que estava acontecendo ali.

Se perceber mulher, tomar consciência de quem você é, é um processo profundo de autoconhecimento que muitas ainda não puderam vivenciar. Essas mulheres seguem uma trajetória automática e mecânica, ganham menos e nem sabem disso, porque nunca se preocuparam em saber. Elas vivem esse processo de masculinização constantemente.

Outro exemplo que me marcou bastante durante a minha carreira foi quando tive minha primeira filha. Eu ainda me sentia muito conectada com o trabalho e, mesmo durante a minha licença-maternidade, voltei temporariamente para tratar de algumas negociações. Ao fim do período de afastamento – quando retornei efetivamente –, minha chefe na época me pediu para acompanhá-la em uma viagem até Belo Horizonte para tratar de uma negociação específica. Na época, eu ainda amamentava e precisava tirar leite a cada duas ou três horas.

Seria a primeira vez que estaria longe da minha filha, então me preparei para tudo: levei a bomba de leite, fiz estoque e arrumei toda a estrutura necessária para poder me ausentar. Quando cheguei ao hotel, todas as tomadas eram de 220 volts e, sem saber, acabei queimando a minha bomba logo que cheguei. Passei a noite toda sem conseguir tirar leite – porque nunca tinha tirado manualmente – e ainda passei um bom tempo buscando tutoriais na internet sobre como fazer isso.

Depois de uma noite em claro, com os seios inchados, me senti extremamente constrangida ao contar à minha chefe o que tinha acontecido. Então, pedi que, no caminho, parássemos em uma farmácia, porque eu tinha de resolver o problema. Consegui fazer com que a bomba funcionasse com pilhas, mas, logo que chegamos ao local da reunião, precisei de um tempo para lidar com a situação, porque estava me sentindo mal e até com um pouco de febre.

Ao longo da reunião, ainda necessitei me ausentar outras vezes para tirar leite, e senti pouquíssima empatia ou acolhimento por parte da minha chefe por aquilo que eu estava vivendo. Como se não fosse o suficiente, quando retornamos para o escritório, ainda ouvi que a minha participação não tinha valido a pena, já que eu tinha me ausentado tantas vezes da reunião.

A reflexão que quero trazer com esse relato é que a masculinização do mercado acontece também por mulheres com mulheres, e precisamos trazer esse fato para a consciência. A maternidade faz parte da natureza feminina, e é fundamental ter o apoio de outras mulheres diante das dificuldades que o mercado ainda apresenta para as mães.

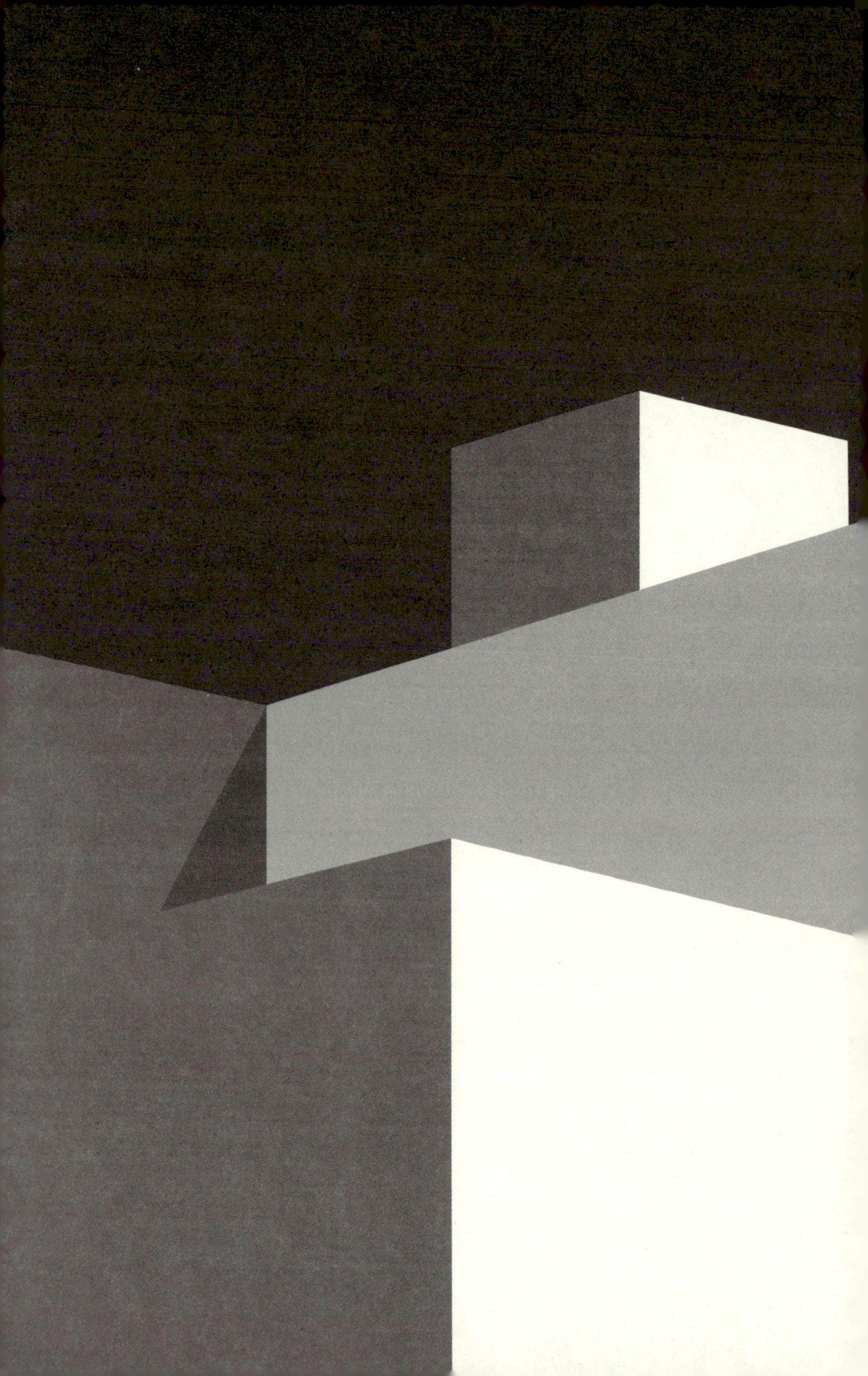

PARTE DOIS

A JORNADA DA HEROÍNA DO IMOBILIÁRIO

É notório o quanto a carreira profissional das mulheres é impactada pela maternidade. Segundo a FGV, 48% das mulheres ficam fora do mercado de trabalho por até dois anos após a licença-maternidade. Já os dados da pesquisa Pnad Contínua, do IBGE, apontam que, no subgrupo de mulheres com filhos de até dez anos, a participação feminina no mercado de trabalho caiu de 58,3% no segundo trimestre de 2019 para 50,6% no segundo trimestre de 2020.

No livro *O herói de mil faces* (1949), o autor Joseph Campbell descreve o conceito de "jornada do herói" como algo que nos afasta da normalidade, provocando um estado de crise. Já a autora americana Maureen Murdock publicou o livro *The heroine's journey* (A jornada da heroína) como resposta ao modelo proposto por Campbell. Não por acaso, a jornada heroica de Murdock começa quando a mulher heroína nota as dinâmicas da sociedade em que vive e identifica o arquétipo feminino como passivo, manipulador, não produtivo, sem foco, inconstante e emocional demais.

Além do trabalho invisibilizado, não remunerado e dos conflitos com a maternidade que as mulheres precisam enfrentar em suas jornadas de trabalho, elas ainda devem encarar outros desafios que nem sempre são percebidos com a clareza necessária, como a síndrome da impostora, o telhado de vidro e o degrau quebrado. Identificar esses obstáculos é essencial na jornada feminina.

SÍNDROME DA IMPOSTORA

Chamamos de síndrome da impostora a sensação de falta de confiança para assumir determinadas funções ou posições que, normalmente, são ocupadas por figuras masculinas. A carga excessiva de trabalho, a baixa autoestima e a pressão demasiada contribuem para que muitas mulheres sejam afetadas pela síndrome atualmente. Jose A. M. Vela, sociólogo e doutorando em estudos Interdisciplinares de Gênero da UAM (Universidade Autônoma de Madri), explicou ao jornal *El País*[1]

---

1. Silvia C. Carpallo, Por que a "síndrome da impostora" continua atormentando as mulheres? *El País*, 13 mar. 2017. Fonte: https://brasil.elpais.com/brasil/2017/03/13/estilo/1489414564_421859.html. Acessado em: 15 maio 2021.

que, ainda que pareça uma questão individual, trata-se de um reflexo de uma adversidade social, e, como consequência, a mulher que passa por isso "tentará compensar o que entende como falta de capacidade (e não de preparação) com maior esforço e horas de trabalho. Quando o projeto ou trabalho efetivamente sai de maneira correta, essas pessoas explicam o resultado positivo graças a seu esforço extra e não à sua capacidade, o que faz com que a síndrome se reforce".

Amy Cuddy, no livro O *poder da presença*, fala sobre isso de um jeito que acho brilhante:

> Eis a ironia cruel: nossas conquistas não resolvem nossos medos de impostor. Na verdade, o sucesso pode piorar o impostorismo. Ser reconhecido mundialmente nos coloca em contato com mais pessoas, e elas exigirão de nós em um nível que não temos como satisfazer, escancarando nossas fraquezas e incompetências. Conquistas nos proporcionam novas situações e oportunidades, e isso só exacerba a síndrome da impostora, já que cada nova situação é mais uma provação[2].

---

2. Amy Cuddy, O *poder da presença*. Rio de Janeiro: Sextante, 2016.

TELHADO DE VIDRO

A expressão, também conhecida por "teto de vidro", faz referência a pessoas que podem ter uma reputação frágil e passível de julgamentos. Quando usamos o termo dentro de um contexto profissional feminino, queremos dizer que as mulheres enfrentam uma dificuldade maior para chegar a cargos de liderança por precisarem validar suas capacidades mesmo que apresentem características idênticas ou até mesmo superiores às de seus equivalentes do sexo masculino. O termo "teto de vidro" se refere a uma barreira sistêmica e invisível que impede que as mulheres subam à liderança sênior simplesmente por serem mulheres.

É como disse Naiara Bertão em sua coluna para o *Valor Investe*: "Elas se esforçam muito para provar que são boas o suficiente, mas a realidade é que elas nunca estiveram no topo da lista de preferências dos líderes da empresa"[3].

---

3. Naiara Bertão, Vocês sabem o que é "telhado de vidro" e por que ele dificulta o crescimento de mulheres? *Valor Investe*, 7 nov. 2020. Fonte: https://valorinveste.globo.com/blogs/naiara-bertao/post/2020/11/voces-sabem-o-que-e-telhado-de-vidro-e-por-que-ele-dificulta-o-crescimento-de-mulheres.ghtml. Acessado em: 9 jun 2021.

DEGRAU QUEBRADO

A pesquisa "Women in Workplace 2019" feita pela Mckinsey em parceria com a LeanIn.Org aponta que, contrariamente ao senso comum, o teto de vidro não é o maior obstáculo à ascensão das mulheres aos cargos de alta liderança. Na realidade, o grande desafio está no primeiro passo para a gerência, a que chamamos de "degrau quebrado". A informação que a pesquisa nos traz é que "consertar esse degrau quebrado", ou seja, permitir que mais mulheres alcancem o topo, é justamente a chave para alcançarmos a equidade.

Em 2020, quando tivemos o maior afastamento das mulheres do mercado de trabalho nas últimas três décadas, o crescimento do empreendedorismo pode indicar um caminho possível para quem precisa inovar por necessidade.

A mesma pandemia que afastou as mulheres do mercado de trabalho impulsionou o empreendedorismo feminino, como apontou a pesquisa elaborada pelo Serviço Brasileiro de Apoio às Micro e Pequenas Empresas (Sebrae) com a Fundação Getúlio Vargas (FGV)[4]. Segundo os dados levantados, as empreendedoras

---

4. Pesquisa do Sebrae mostra que mulheres adotaram mais inovações em suas empresas durante a pandemia. *Agência Sebrae de Notícias*, 24 set. 2020. http://www.agenciasebrae.com.br/sites/asn/uf/NA/pesquisa-do-sebrae-mostra-que-mulheres-adotaram-mais-inovacoes-em-suas-empresas-durante-a-pandemia,b25d469b3c0c4710VgnVCM1000004c00210aRCRD. Acessado em: 15 maio 2021.

demonstraram maior agilidade e competência ao implementar inovações em seus negócios durante os meses impactados pela Covid-19.

As análises mostram que as mulheres empreendedoras são mais jovens e têm um nível de escolaridade 16% superior quando comparado aos homens. Nós representamos 48% dos microempreendedores individuais (MEI), com destaque em setores como beleza, moda e alimentação.

A participação das mulheres na vida econômica brasileira aumenta consideravelmente a cada ano. De acordo com a pesquisa GEM Brasil 2015 (Global Entrepreneurship Monitor)[5], o público feminino já era mais expressivo do que o masculino quando o assunto era a abertura de novos empreendimentos, e a expectativa para 2020 estava em mulheres detendo quase um terço de toda a riqueza privada global.

Os números do empreendedorismo mostram que existe uma jornada possível para as mulheres e, como escreveu Murdock, um lugar onde existe a integração do masculino com o feminino, "um lugar no qual a heroína aprende a integrar e equilibrar todos

---

5. Análise dos resultados do GEM 2015 por gênero. *Gem Brasil 2015*, jul. 2016. Fonte: http://www.bibliotecas.sebrae.com.br/chronus/ARQUIVOS_CHRONUS/bds/bds.nsf/4ee07253fa008eb297c4585b988b0a43/$File/7216.pdf. Acessado em: 28 ago. 2021.

os aspectos de si mesma, tornando-se finalmente uma mulher plena, um ser humano em sua totalidade".

Para muitas mulheres, o lar é onde ela começa a empreender. Se a jornada feminina já era um grande desafio para o equilíbrio do tripé *carreira*, *família* e *vida pessoal*, no cenário pós-pandemia vivemos uma verdadeira "chamada para a aventura", para o início de uma jornada empreendedora heroica[6].

A IMPORTÂNCIA DA INDEPENDÊNCIA FINANCEIRA PARA A MULHER

Um dos meus primeiros empregos foi como vendedora em uma loja de roupa de grife que vendia peças bastante caras. Era comum as clientes, que pareciam ser muito ricas, apresentarem como forma de pagamento o cheque do marido. Eu lembro bem que muitas delas pediam para colocarmos um valor extra no cheque para darmos o troco em dinheiro, porque ou elas não tinham sequer conta bancária, ou não podiam mostrar transações no banco que levantassem suspeitas no marido. Elas não tinham autonomia e vida própria, nem podiam tomar

---

6. Elisa Tawil, A nova era do empreendedorismo. Coluna Empresas Shakti, HSM *Management*, 29 jan. 2021. Fonte: https://www.revistahsm.com.br/post/a-nova-era--do-empreendedorismo. Acessado em: 15 maio 2021.

decisões com o próprio dinheiro. Este é um exemplo claro de violência patrimonial.

A conquista da independência financeira se faz necessária justamente para que as mulheres consigam sair de uma situação de dependência e até mesmo se libertar de uma situação de assédio, violência ou opressão doméstica.

Quando falamos de violência doméstica contra a mulher, ela não é restrita a uma população de classes menos privilegiadas; pelo contrário, estamos falando de um tipo de violência velada que acontece em toda e qualquer classe. Apesar dos avanços, ainda é muito comum encontrar mulheres que não tenham seus próprios patrimônios ou sequer uma conta no banco, pois deixam todas as obrigações financeiras para o marido, como os casos que vi como vendedora – algo que independe de classe social. Estamos falando de um número incalculável de mulheres privadas de sua própria autonomia.

E é por isso que trago durante toda a construção do livro a necessidade de enxergarmos as mulheres como proprietárias. Ao possibilitarmos que a mulher seja dona de seu patrimônio – proprietária –, ela passa a ter maior independência em suas escolhas e pode sair de um lar possivelmente perigoso que, por vezes, mata. Ela se emancipa e pode conquistar os mesmos espaços que os homens dentro da sociedade.

Além de libertar a mulher de possíveis situações de risco, a independência financeira também é fundamental por possibilitar uma autonomia maior na hora de tomar decisões para o futuro, independentemente de qual seja esse futuro. Uma mulher que tem seu próprio patrimônio pode decidir se quer criar uma família, mudar de profissão ou até mesmo investir em um empreendimento pessoal. Mulheres que conquistam a independência financeira costumam ter uma vida mais confortável e podem planejar uma aposentadoria mais tranquila ou ampliar seus investimentos, por exemplo.

> **A conquista da independência financeira se faz necessária justamente para que as mulheres consigam sair de uma situação de dependência e até mesmo se libertar de uma situação de assédio, violência ou opressão doméstica.**

É claro que precisamos levar em consideração que o Brasil é um país muito grande e de divergências e diversidades econômicas gigantescas; entretanto, o setor imobiliário pode ser um caminho para muitas mulheres explorarem novas possibilidades.

Em uma corretagem imobiliária, por exemplo, não é necessário ter o ensino superior completo. Com o ensino médio, já é possível realizar o curso para Técnico em Transações Imobiliárias

(TTI) e aplicar para ser uma corretora de imóvel, com a opção de trabalhar de onde estiver, até mesmo em sua própria casa. É uma cadeia produtiva que oferece oportunidades em várias frentes, desde pessoas com menor grau de instrução que querem uma oportunidade de emprego e emancipação financeira até aquelas que querem criar um patrimônio de fato e tenham uma visão de investidoras ou de construção de uma carreira executiva.

Esta oportunidade de carreira e emancipação financeira foi essencial para planejar o programa de capacitação voltado às mulheres que foram impactadas pela pandemia, o qual explicarei em detalhes no capítulo sobre o movimento **MULHERES DO IMOBILIÁRIO**.

CAMINHOS PARA A INDEPENDÊNCIA

Durante um longo período, as mulheres estiveram fora do mercado de trabalho e ficaram vinculadas à ideia de que deveriam dedicar todo o tempo aos afazeres domésticos. Com o passar dos anos, conforme essa realidade foi mudando, elas encontraram possibilidades profissionais, apesar das remunerações mais baixas. Ainda que esse cenário já esteja bem mais avançado, as mulheres apresentam um preparo educacional mais elevado, mas o *gender pay gap* – a média de diferença salarial histórica que já mencionamos – pode ser um grande empecilho para que essa independência seja alcançada.

Quando falamos em diferença salarial entre gêneros, precisamos compreender que não se trata apenas de uma questão sexista, que opta espontaneamente por pagar mais aos homens, mas que, historicamente, mesmo quando as mulheres foram ganhando espaço no mercado de trabalho, a expectativa social é de que a responsabilidade dos afazeres domésticos e da criação dos filhos ainda permanecesse com as mulheres, algo que acontece até hoje.

Com isso, as mulheres tendem a abrir mão de oportunidades em sua carreira, porque precisam lidar com as responsabilidades domésticas pelas quais não são remuneradas. E, assim, muitas vezes perdem promoções e possíveis aumentos durante a jornada de trabalho.

Para decidir deixar o filho com alguém, mesmo que seja em uma creche ou com algum familiar, a conta entre pagar quem cuida na sua ausência *versus* o quanto você ganha tem que ter um saldo positivo. Entretanto, com poucas vagas em creches que não atendem em período integral e poucas políticas empresariais que ofereçam suporte para famílias, como *day care*, essa é uma conta que não fecha. Portanto, acredito que um dos caminhos para alcançarmos a independência financeira feminina será a igualdade salarial.

Uma história que sempre me inspira dentro desse contexto é a da tenista Billie Jean King, que, na década de 1970, lutou por prêmios (em dinheiro) iguais para jogadores de diferentes gêneros. Ao ser provocada por Bobby Riggs, que dizia que os homens eram melhores que as mulheres, Billie Jean King sentiu a necessidade de dar uma lição não só nele, mas em toda a sociedade que ainda insistia nesse argumento. Em um jogo histórico que ficou conhecido como a "A Batalha dos Sexos", King venceu os três sets do tênis com folga. E, além de levar o prêmio, foi a primeira pessoa a levantar a questão de gênero dentro da esfera esportiva.

Para que a mulher possa receber o equivalente ao homem na posição que ocupa, é necessário criar estruturas para que esse distanciamento seja minimizado, como ações afirmativas, programas de cota e conscientização para a conquista da equidade, da qual falaremos com mais detalhes adiante.

A independência financeira precisa ser encarada pelas mulheres como uma oportunidade, assim como é para os homens. Somente assim entraremos, de fato, em uma visão de equidade.

Outro caminho imprescindível que devemos considerar para alcançar a independência que buscamos é a educação financeira. Quando falamos, no primeiro capítulo, sobre a mulher ser retirada da sala quando o assunto era dinheiro, temos de lembrar que nós mesmas evitamos essa pauta em nossos discursos e diálogos durante muito tempo.

Isso precisa mudar. As mulheres devem ter acesso a informações significativas sobre como gerenciar o próprio dinheiro e o patrimônio em situações diversas. É necessário ter consciência de que a educação financeira é fundamentada em ações e atitudes diárias para começar a planejar uma reserva e demais possibilidades de investimento. Assim, o gerenciamento da renda será mais eficiente. Precisamos falar sobre salários, diferença salarial e formas de economizar ou de investir e ampliar renda.

Quanto mais acesso à informação as mulheres tiverem sobre o mundo das finanças, mais os obstáculos culturais serão ultrapassados, as levando para mais perto de seu objetivo: alcançar a nossa independência financeira.

DENTRO DE CASA: O PERIGO DO LAR

Por minuto 25 brasileiras são vítimas de violência doméstica, segundo os dados da Inteligência em Pesquisa e Consultoria (Ipec)[7]. E a pandemia da Covid-19 agravou ainda mais esse

---

7. Samira Bueno e Sofia Reinachi, A cada minuto, 25 brasileiras sofrem violência doméstica. *Piauí*, 12 mar. 2021. Fonte: https://piaui.folha.uol.com.br/cada-minuto-25-brasileiras-sofrem-violencia-domestica/. Acessado em: 28 ago. 2021.

cenário. Uma das dificuldades para a mulher que mora com um agressor e vive um relacionamento abusivo é não conseguir encontrar meios de sair de casa, justamente por ser dependente financeiramente desse parceiro. Portanto, se ela conseguir vislumbrar que é capaz de ter o seu patrimônio e, eventualmente, investir na casa própria, pode encontrar formas de sair dessa situação perigosa.

A pandemia, que nos isolou socialmente, impulsionou um dado preocupante para nossa sociedade: o aumento da violência doméstica. No Rio de Janeiro, por exemplo, dados do Tribunal de Justiça apontam um crescimento de quase 50% nas agressões contra crianças, idosos e mulheres durante a pandemia.

Em um painel de debate organizado pelo **MULHERES DO IMOBILIÁRIO**[8], Valéria Scarance, promotora de Justiça e pesquisadora da temática violência contra a mulher e gênero, traz ainda um olhar mais sincero sobre esses dados: ela relembra que esse tipo de violência sempre existiu, mas que só agora ficou visível, porque a maioria de nós está em casa e pode perceber a verdadeira rotina das casas ao lado, nos lares vizinhos.

---

8. Mulheres do Imobiliário, *Lares saudáveis por Mulheres do Imobiliário*. YouTube, 17 set. 2020. Fonte: https://www.youtube.com/watch?v=oh24oKBQ_uo. Acessado em: 22 maio 2021.

Uma mulher que é vítima de violência não escolhe estar em uma relação violenta. Na verdade, os homens violentos costumam ser sedutores e simpáticos durante a conquista e o início de um relacionamento. Aos poucos essa dinâmica vai mudando, e o agressor começa por minar as fortalezas da vítima, até que ela se sinta completamente dependente dele e não consiga mais pedir ajuda. Essa dependência pode ser psicológica, mas é também, com frequência, financeira.

Uma das formas de violência – muito comum no cotidiano, apesar de ter poucas reclamações oficialmente registradas – é a violência patrimonial. Assim como as situações de assédio, poucas mulheres sabem identificar que estão passando por esse tipo de abuso e que poderiam registrar um boletim de ocorrência, por exemplo. O termo compreende qualquer conduta que configure retenção, subtração, destruição parcial ou total de objetos, instrumentos de trabalho, documentos pessoais, bens, valores, direitos ou recursos econômicos, incluindo os destinados a satisfazer as necessidades da vítima.

Em 2020, o senador Luiz do Carmo (MDB-GO) apresentou o Projeto de Lei 2.510[9], aprovado pelo Senado Federal no dia 8 de

---

9. Brasil, Câmara dos Deputados, *Projeto de Lei nº 2.510*, 2020. Fonte: https://www25.senado.leg.br/web/atividade/materias/-/materia/141880. Acessado em: 22 maio 2021.

julho de 2020, que visava estabelecer o dever de condôminos, locatários, possuidores e síndicos de informar às autoridades competentes sobre casos de violência doméstica e familiar contra a mulher de que tenham conhecimento no âmbito do condomínio, além de aumentar a pena por omissão de socorro quando se tratar de mulher em situação de violência doméstica ou familiar.

O antigo ditado "em briga de marido e mulher não se mete a colher" necessita ser desmistificado, porque, quando uma mulher está em um relacionamento abusivo e sob violência doméstica, muitas vezes ela não é capaz de sair sozinha dessa situação sem alguém de fora para ampará-la. Sendo assim, ainda que precise ser revisto em alguns pontos, esse projeto é relevante porque é uma forma de retirar o problema de um campo particular e trazê-lo para a sociedade. Além disso, envolve diretamente a conscientização sobre o papel social do setor imobiliário no que diz respeito ao incentivo de lares mais saudáveis.

Em fevereiro de 2021 comecei a trabalhar como *head* de *growth* e especialista em *onboarding* para a eXp Brasil, uma imobiliária digital com mais de doze anos de experiência e presença global em quinze países. Em pouco mais de dois meses, o time de corretores e corretoras da empresa ultrapassou o total de cem. Um episódio que me marcou foi quando recebi uma mensagem no meu celular de um dos corretores – um homem – dizendo que havia assistido a uma live que eu havia feito e queria lembrar o nome do aplicativo que denunciava casos de violência. Ele estava se referindo ao aplicativo desenvolvido por Leonardo Gandelman, criador do Linha Direta, e queria denunciar um caso de violência doméstica em seu condomínio.

Nesse dia, tive a sensação de que, se eu não tivesse mais uma relação profissional com aquela empresa, teria valido a pena saber que, de alguma forma, pude transmitir a mensagem para um receptor que soube utilizá-la em prol da vida de uma mulher.

Acredito ser essencial e de extrema importância que os profissionais do mercado imobiliário incentivem a formação de lares saudáveis, e, justamente por isso, precisamos direcionar esse olhar atento para o cenário atual.

RESTAURAR A ENERGIA FEMININA DO LAR

Já mencionamos anteriormente sobre como a energia feminina é capaz de gerar um futuro e restaurar um equilíbrio perdido.

Quando falamos em lar, não estamos falando da construção de uma casa com cimento e tijolos. Um lar é uma construção para além do físico: envolve os relacionamentos familiares, memórias e histórias e, portanto, tem um grande significado afetivo e sentimental. É um hábitat.

Se pegarmos o conceito pré-histórico do homem de Neandertal, da construção de um abrigo em uma caverna ou de uma toca, veremos que a habitação em si também passa pelo entendimento da construção de um lar, à medida que esse espaço serve como proteção e um lugar no qual podemos nos recolher. É onde nos protegemos das intempéries do tempo, da ameaça de animais ou de invasores e inimigos. É onde a família se reúne, sob o mesmo teto.

A energia feminina é essencial para a construção do lar, do cuidado, da proteção, do carinho e do acolhimento. A figura feminina – e não necessariamente a presença de uma mulher – é o que traz esse olhar característico e capaz de promover o zelo.

E aqui reforço a importância de as construtoras terem esse olhar dentro do mercado imobiliário e perceberem que, quando estão desenvolvendo uma construção, estão planejando espaços que serão habitados por pessoas, que vão constituir família nesses locais e criar vivências e memórias afetivas. Não podemos mais encarar esses projetos apenas como uma pilha de tijolos ou uma possibilidade de lucros.

Dentro das empresas que estão produzindo novos empreendimentos, o olhar muitas vezes está tão focado no lucro que pouco se pensa no desenho e no planejamento; não há espaço para imaginar que, futuramente, pessoas estarão caminhando naquele projeto em planta, naquele apartamento e naqueles espaços. Não é feita uma simples reflexão sobre o que está sendo produzido.

Certa vez, quando eu era gerente de incorporação em uma empresa, cheguei a ouvir de um investidor que "já que não cabia uma porta no banheiro da área de serviço, poderíamos optar por colocar aquela bacia no chão", se referindo a um modelo de vaso sanitário de piso que geralmente é visto em celas de cadeia. Ou seja, não houve o menor esforço em fazer um exercício de empatia para se colocar no lugar do ser humano que estaria ali.

Já presenciei também projetos com quartos localizados nas áreas de serviço sem uma janela sequer e que utilizavam uma "porta ventilada". Hoje em dia, as próprias legislações impedem isso, mas há sempre quem desafie as regras ou as leis de zoneamento para tentar trazer soluções que melhoram o rendimento financeiro de um empreendimento, sem pensar nas necessidades das pessoas que frequentarão aquele determinado espaço.

O resgate humanitário dessa visão vem da energia feminina e precisa ser feito o quanto antes, para que possamos recuperar a sensação de pertencimento e de cuidados que foram se perdendo ao longo do tempo.

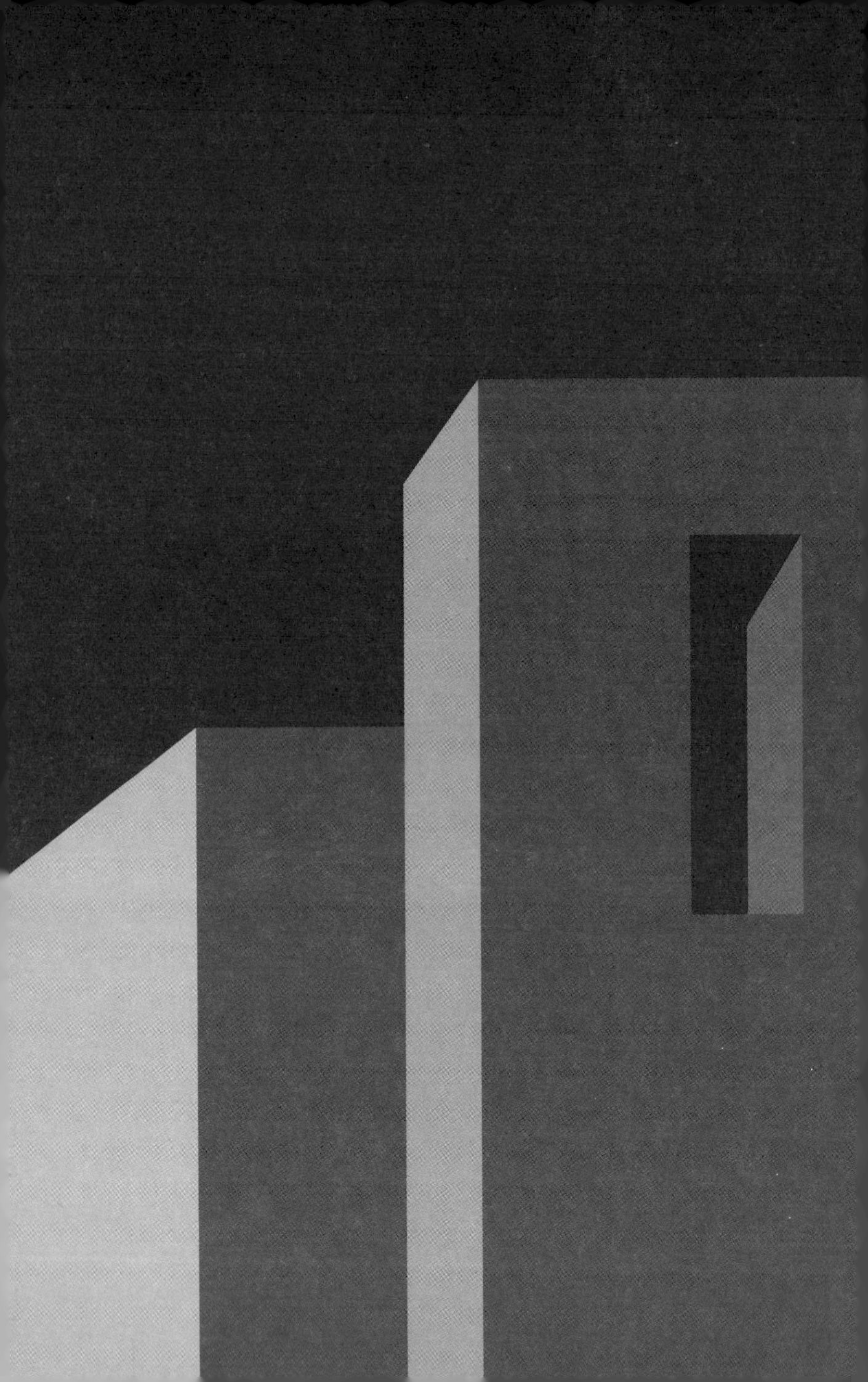

PARTE TRÊS
LÍDERES DO FUTURO

CRISE DE LIDERANÇA

O momento histórico definido pela virada do século XX para o XXI está marcado por uma crise de liderança. Temos visto inúmeras figuras de poder enfraquecidas e sem capacidade de criar conceitos e seguidores. Faltam líderes com visão de perpetuidade e que sejam capazes não só de enxergar um futuro possível, como também de criar o caminho para que ele seja, de fato, alcançado.

Grande parte das lideranças atuais está fracassada, fragilizada e desacreditada, sobretudo porque ainda seguimos um modelo de liderança masculino, machista e masculinizado. Mais do que isso, esse modelo trabalha sob um viés inconsciente e, por isso, está adoecido e repleto de excessos. Mais para a frente, vamos abordar o mapa de polaridade de forças, que vai esclarecer esse assunto com mais detalhes; entretanto, agora é relevante compreendermos que estamos falando de lideranças excessivamente autoritárias.

Outro motivo para estarmos vivenciando essa crise de liderança é que, com o avanço das redes sociais e da alta conectividade, nossas referências estão pulverizadas e pautadas em pessoas que se vendem como salvadoras ou até mesmo como verdadeiros "messias". É muito comum nos depararmos com vendedores de fórmulas prontas e mágicas para uma dor ou um problema que a sociedade vive. Quantas vezes você já se deparou com cursos de "como se tornar um ___ de sucesso?" (insira no espaço em branco qualquer profissão ou atividade).

Essa crise generalizada também acontece por conta desse formato de vender uma solução pronta, como uma fórmula de sucesso, que podemos comparar com o B2C (*Business to Consumer* – empresa para consumidor), que é um modelo de venda de um remédio ou de uma solução imediata. Podemos chamar até de B2B (*Business to Business* – empresa para empresa) quando acontece com empresas e instituições.

O livro *Liderança Shakti: o equilíbrio do poder feminino e masculino nos negócios* apresenta melhor esse paradigma que surgiu do patriarcado:

> O paradigma de liderança que prevalece, que nasceu do patriarcado e é originado no pensamento militar, exagera demais certos valores masculinos. É, fundamentalmente, uma abordagem baseada em competências de fora para dentro. O paradigma ainda é predominantemente hierárquico, centralizador, e usa, para conseguir os comportamentos almejados, o sistema de recompensa e punição[1].

Se pensarmos nessa relação de recompensa e punição dentro do recorte do setor imobiliário, reforçamos a ideia de que se trata de um mercado totalmente pautado em exploração e com uma regência focada excessivamente em lucro e retorno financeiro para os acionistas.

Assim que terminei a faculdade, em um dos meus primeiros empregos trabalhei em uma construtora que estava começando a incorporar e comprar terrenos para fazer condomínios. Em determinada ocasião, um dos terrenos passaria pela derrubada de árvores para que as construções pudessem começar, e um dos meus chefes me pediu para ficar na entrada do terreno

---

1. Nilima Bhat e Raj Sisodia, *Liderança Shakti: o equilíbrio do poder feminino e masculino nos negócios*. Rio de Janeiro: AltaBooks, 2019.

acompanhando o processo. Ele me disse que, se aparecesse algum guarda-florestal, eu deveria persuadi-lo a não autuar a empresa.

Naquele exato momento, decidi que pediria demissão, porque aquilo não correspondia em nada ao que eu acreditava para a minha vida pessoal e profissional. Ainda naquele dia, outra cena que me marcou muito foi quando um dos trabalhadores que estava com uma motosserra me perguntou quantos anos eu achava que uma árvore tinha e em quanto tempo ela demoraria para cair. Uma árvore enorme de, aproximadamente, 30 anos caiu na minha frente em questão de segundos.

Esse tipo de situação é mais recorrente do que imaginamos. Se não estivermos atentos e dispostos a fazer a diferença, podemos acabar normalizando e incorporando atitudes completamente equivocadas e, em alguns casos, até ilegais. É preciso pensar em reverter a lógica atual para não construirmos uma carreira baseada em devastação e especulação agressiva.

O termo *especulação imobiliária* vem do desejo de proprietários de lucrar com seus imóveis sem a preocupação com os interesses locais. Com isso, muitas vezes, vemos o fenômeno conhecido como *gentrificação dos bairros*, ou seja, a destruição de pequenas casas para a construção de prédios que acabam com a identidade de um bairro.

A palavra *gentrificação* surgiu a partir do termo em inglês *gentrification* – um conceito criado pela socióloga britânica Ruth Glass[2] que aparece, pela primeira vez, em seu livro *London: Aspects of Change* (1964). Derivado da palavra *gentry*, que caracteriza pessoas ricas ou ligadas à nobreza, o termo faz referência ao movimento que elevou os preços imobiliários de certo bairro londrino por conta do interesse da nobreza pela região e que, eventualmente, acabou desalojando e afastando a classe trabalhadora que antes habitava aquele espaço.

Hoje, o termo tem sido amplamente usado em estudos relacionados ao patrimônio e à desigualdade e refere-se ao processo de modificação de paisagens em áreas urbanas. Quando optamos por trazer a energia feminina para essas construções, trabalhamos para atualizar, modernizar e evoluir sem necessariamente arruinar a origem e a história do bairro. Ou seja, a energia feminina contribui para uma melhor forma de crescimento urbano.

Assim sendo, o que eu quero trazer é a possibilidade de trabalharmos sob uma nova ótica, porque, quando a energia feminina entra nesse mercado como uma forma de liderança, nós

---

2. Maurício Fernandes de Alcântara, Gentrificação. In: *Enciclopédia de antropologia*, FFLCH, 2018. Fonte: https://ea.fflch.usp.br/conceito/gentrificacao. Acessado em: 9 jun. 2021.

tiramos essa visão somente de exploração e especulação para ter uma sociedade mais próspera e equilibrada.

Sermos verdadeiros, transparentes, empáticos e inclusivos, passando uma mensagem clara – mesmo que tenhamos que abordar temas densos como medo e morte –, são características de uma liderança humanizada que atribui elementos femininos ao seu equilíbrio e estilo de liderança. Entre esses elementos, o principal que destaco aqui é o *cuidado*.

Vamos relembrar as cinco gerações morando e trabalhando sob o mesmo teto. O que engaja as gerações Y e Z são causas e compromissos sociais e impacto ambiental – uma energia essencialmente feminina; aliás, essencialmente Shakti.

Shakti é a energia que, segundo os antigos ioguines, proporciona a evolução do mundo. Uma energia interior, relativa à criação e, por isso, associada às deusas hindus, a poderes femininos. Um exemplo de uma liderança exercida com esta energia feminina, mais humanizada, veio do presidente de Israel, Reuven Rivlin. Durante o auge da pandemia, ele contou histórias para crianças, ao vivo, pelo Facebook e pelo YouTube, semanalmente. A iniciativa, chamada de "Hora da história com o presidente Rivlin", demonstrou a preocupação desse estilo de liderança com a saúde mental das crianças da geração C, a geração Covid.

Os exemplos de liderança que trouxe até aqui possuem uma mensagem fundamental para o mundo dos negócios: as empresas precisam enxergar além do seu colaborador. Para cada CPF, existe uma família, um lar.

A humanização das relações vem da conexão verdadeira, onde a produtividade é resultado do meio no qual vivemos. Em determinados momentos durante a quarentena imposta pela pandemia do coronavírus, as empresas tiveram de entrar na casa de seus colaboradores. A liderança que atua de forma empática e verdadeira é a luz-guia em meio ao breu de tempos sombrios. É nossa principal aliada para chegar à outra margem a salvo[3].

NO MEIO DO CAMINHO TINHA UMA PANDEMIA

Num mundo pré-pandemia de 2020, as apostas estavam nas mudanças culturais, na conquista de direitos e em um maior investimento em educação para as mulheres. A projeção era de que, com mais anos de estudo e sendo a maioria dos alunos no ensino superior, nos tornaríamos uma mão de obra mais qualificada que a masculina.

---

3. Elisa Tawil, Lições de líderes humanizados em tempos de pandemia. Coluna Empresas Shakti, HSM Management, 30 abr. 2021. Fonte: https://www.revistahsm.com.br/post/licoes-de-lideres-humanizados-em-tempos-de-pandemia. Acessado em: 15 maio 2021.

> **A liderança que atua de forma empática e verdadeira é a luz-guia em meio ao breu de tempos sombrios. É nossa principal aliada para chegar à outra margem a salvo.**

Hoje, na abertura da terceira década do século XXI, nós, mulheres brasileiras, estamos mais fora do mercado de trabalho do que dentro dele. Não contávamos com uma pandemia no meio do caminho.

A participação feminina no mercado de trabalho brasileiro deveria crescer mais do que a masculina até 2030, como indicou o estudo do Ipea[4], em junho de 2019. Contudo, em setembro de 2020, o mesmo instituto divulgou a triste marca da menor participação feminina no mercado de trabalho em trinta anos, desde 1990. A participação que de fato vinha em tendência de alta nas últimas três décadas caiu para apenas 46,3% entre abril de junho de 2020. Em comparação com o mesmo período de 2019, a queda foi de 7 pontos percentuais. A participação dos homens no mercado de trabalho também diminuiu, porém foram menos atingidos: 6 pontos percentuais.

---

4. Miguel Nathan Foguel e Felipe Mendonça Russo, Decomposição e projeção da taxa de participação do Brasil utilizando o modelo idade-período-coorte (1992 a 2030). *Ipea*, 22 mai. 2019. Fonte: https://www.ipea.gov.br/portal/images/stories/PDFS/mercadodetrabalho/190515_bmt_66_NT_decomposicao_e_projecao.pdf. Acessado em: 28 ago. 2021.

O que nossas "retinas fatigadas" nunca podem deixar de enxergar é o fundamental papel social exercido pela força feminina, que, além de invisibilizado e não remunerado, está impactando toda uma geração.

"Um estudo realizado na China, no início da pandemia, revelou que as mulheres atuando na linha de frente enfrentam um risco maior de desenvolver graves problemas de saúde mental, depressão, insônia, ansiedade", disse Shirin Heidari[5], presidente e fundadora da Gendro, ONG sediada em Genebra que apoia a equidade de gênero por meio de pesquisas acadêmicas. Aqui no Brasil, a maior plataforma corporativa do mundo, o LinkedIn, ouviu 2 mil profissionais em *home office* na segunda quinzena de abril e indicou que 62%[6] estão mais ansiosos e estressados com o trabalho do que antes.

Dados da Organização Mundial da Saúde (OMS) estimam que, embora as mulheres representem 70% da força de trabalho na

---

5. Rachel Jones, Maioria entre profissionais da saúde, mulheres são minoria em cargos de liderança. *National Geographic Brasil*, 2 set. 2020. Fonte: https://www.nationalgeographicbrasil.com/cultura/2020/09/maioria-entre-profissionais-da--saude-mulheres-sao-minoria-em-cargos-de-lideranca. Acessado em: 28 ago. 2021.
6. Paulo Balint Tobias, Brasileiros estão mais estressados no home office. *LinkedIn*, 2020. Fonte: https://www.linkedin.com/news/story/brasileiros-est%C3%A3o-mais--estressados-no-home-office-4836924/. Acessado em: 28 ago. 2021.

área da saúde no mundo, ocupamos apenas 25% das posições de liderança[7].

Uma análise do grupo Open Democracy constatou que países com mulheres em posições de liderança tiveram seis vezes menos mortes confirmadas por coronavírus do que os governos com líderes do gênero masculino[8], o que deveria abrir uma oportunidade para a maior de participação feminina nas políticas globais de saúde e de resposta a emergências.

Mas movimentos femininos pela conquista de maior representatividade não são assunto novo. No começo do século xx, as sufragistas americanas exigiram o direito das mulheres ao voto, o que no Brasil aconteceu só em 1927, dando início a uma longa caminhada pela construção de uma ponte que propõe a conexão entre as duas forças, feminina e masculina. Estamos falando de uma demanda de mudança que começou

---

7. Joint News Release, The future we expect: women's health and gender equality. *World Health Organization*, 28 jun.2021. Fonte: https://www.who.int/news/item/28-06-2021-the-future-we-expect-women-s-health-and-gender-equality. Acessado em: 28 ago. 2021.
8. Luca Coscieme, Lorenzo Fioramonti e Katherine Trebeck, Women in power: countries with female leaders suffer six times fewer Covid deaths and will recover sooner from recession. *Open Democracy*, 26 mai. 2020. Fonte: https://www.opendemocracy.net/en/can-europe-make-it/women-power-countries-female-leaders-suffer-six-times-fewer-covid-deaths-and-will-recover-sooner-recession/. Acessado em: 28 ago. 2021.

há um século e que até hoje não se reflete na sociedade de forma homogênea.

O papel exercido pelas mulheres ainda é invisibilizado e não remunerado. Na realidade brasileira, o pesquisador do Ipea Marcos Hecksher reforça que "elas têm uma carga maior de trabalho não remunerado em casa, esse trabalho aumentou na medida em que as escolas ficaram fechadas"[9]. A pedra que a pandemia coloca na polêmica de reabertura das escolas e creches reverbera em ondas que impactam muito além da perda do ano letivo pelos alunos.

Segundo um levantamento com mais de 2,4 mil mães e pais de todo o país feito pela Behup, startup de inteligência de dados, além da sobreposição com o trabalho ou do desafio do desemprego, eles também assumiram a missão importantíssima da educação formal dos filhos.

Durante todo o isolamento, as mulheres apresentaram mais narrativas de medo e apreensão do que os homens, e, no que diz respeito ao envolvimento na rotina educacional dos filhos, apesar de 75% mulheres *versus* 62% homens manifestarem alto envolvimento, 90% das respostas recebidas pela

---

9. Marcos Hecksher, Participação de mulheres no mercado de trabalho cai 50,6% durante a pandemia. *Ipea*, 8 out. 2020. Fonte: https://www.ipea.gov.br/portal/index.php?option=com_content&view=article&id=36794. Acessado em: 28 ago. 2021.

startup foram de mães e apenas 10% de pais. Desde o início da pandemia, os dados mostram que as mulheres apresentaram índices de preocupação com os aspectos econômicos cerca de 15 pontos percentuais acima dos homens.

Assim como a ascensão das lideranças femininas, a retomada do protagonismo e a presença feminina no mercado de trabalho são uma missão que envolve todos nós[10].

GESTAR UM FUTURO

Shakti

De acordo com o hinduísmo, Shakti é a deusa que representa toda a força divina da criação. Se levarmos a energia de Shakti à liderança, despertaremos nos negócios a necessidade de cuidar do futuro, implementando ações que nos conectem às nossas responsabilidades de líderes, tornando-nos conscientes de nossas decisões diárias.

É o que dizem Nilima Bhat e Raj Sisodia, no livro que citei anteriormente, *Liderança Shakti: o equilíbrio do poder feminino e masculino nos negócios*. Os autores indicam que Shakti é uma

---

10. Elisa Tawil, No meio do caminho tinha uma pandemia. Coluna Empresas Shakti, HSM *Management*, 16 set. 2020. Fonte: https://www.revistahsm.com.br/post/no-meio-do-caminho-tinha-uma-pandemia. Acessado em: 15 maio 2021.

energia interior e feminina capaz de proporcionar a evolução do mundo ao restabelecer o equilíbrio, enquanto Shiva, relacionada a concepções mais masculinas, seria a consciência desse poder criativo e feminino. Portanto, para que a evolução de fato aconteça, é imprescindível que os dois poderes estejam em equilíbrio.

Pense em um carro extraordinário que foi projetado e montado perfeitamente. Sem o combustível certo, ele não serve para nada. Da mesma forma, a consciência por si mesma é estéril, estática e inativa. Shiva – a incorporação da consciência na tradição iogue – sem Shakti é shava (corpo ou cadáver). Shakti é o poder que alimenta tudo. Shiva representa a consciência, e Shakti representa a energia. Um precisa do outro. Shakti precisa de Shiva para se materializar, senão fica caótica; e Shiva, sem Shakti, fica inerte e estéril[11].

Em suma, essa visão de liderança faz referência à energia feminina (presente em todos nós, independentemente do gênero), responsável pela continuidade, pelo nascimento, e que resgata características por vezes esquecidas em alguns segmentos, como empatia, confiança e abertura. Acredito, por exemplo, que "equilíbrio" (na saúde, nos relacionamentos, na carreira, na vida) será o tema no ano da vacina.

---

11. Nilima Bhat e Raj Sisodia, op. cit.

O modelo híbrido na forma de trabalhar, combinando os espaços tradicionais do escritório com o trabalho remoto, é a resultante do equilíbrio que procurávamos entre as longas horas no deslocamento casa-trabalho e a dificuldade de criar limites no modelo *home office*. A liderança Shakti desafia cada um de nós a atribuir liderança "à pessoa que você é". Ou seja, não é uma habilidade restrita para poucos, mas sim um resgate necessário a todos nós. Para ajudar neste processo, o modelo que proponho baseado nessa filosofia explica os pilares essenciais para este exercício:

PRESENÇA: "Um estado do qual não temos nada a temer, promover ou defender. Quando estamos completamente disponíveis para o momento." Quanto mais competitivo o ambiente em que vivemos, mais complexo se torna o exercício da presença, que requer treino e consciência de como a conquistamos. Muitas pessoas exercem presença meditando ou durante uma prática de ioga. Outras a exercem em uma corrida, praticando um *hobby* ou até mesmo ao lavar a louça. O importante é perceber-se neste estado e provocar mais momentos de presença ao longo do dia. Segundo Nilima Bhat, ser um líder presente "significa estar fora do ego e em contato com o senso mais amplo do que é bom para todos".

ENERGIA: A habilidade da liderança está relacionada diretamente à nossa energia, ao nosso Shakti. Ao longo do dia, sabemos que precisamos carregar nossos celulares quando a bateria aparece na cor vermelha, por exemplo. Quando a sua bateria acaba, qual a sua "tomada" para recarregar a energia? Poucos de nós sabem quais são as próprias fontes de energia ou, quando sabem, geralmente não recorrem a ela quando se sentem esgotados. Para o fiel exercício da liderança, é preciso se conectar à sua energia interna, que é ilimitada e não pode ser tirada de você. Gosto muito da definição que a apresentadora americana Oprah Winfrey traz para o poder autêntico: "Quando a sua personalidade vem servir a energia da sua alma"[12].

INTEGRIDADE: "A capacidade de equilibrar, integrar e unir todas as partes divididas e fragmentadas de si mesmo." Quando assumimos a consciência de nós mesmos, sabemos quais são nossos limites, até onde conseguimos e podemos ir e quando precisamos de ajuda e colaboração. Reconhecemos nossas habilidades, forças e fraquezas e nos beneficiamos disso. Todos nós temos pontos fracos e lados mais obscuros. O pai da psicologia analítica, Carl Jung, explica: "Ninguém se ilumina imaginando figuras de luz, mas se conscientizando da escuridão".

---

12. Oprah Winfrey, What Oprah knows for sure about real power. *Oprah.com*. Fonte: https://www.oprah.com/spirit/what-oprah-knows-for-sure-about-real-power. Acessado em: 9 jun. 2021.

FLEXIBILIDADE: Um líder flexível possui a capacidade de se adaptar e se dobrar sem quebrar, de acordo com a situação ou conforme o contexto. Gosto muito de trazer o conceito da flexibilidade atrelado à resiliência: é a propriedade de alguns corpos de retornar à forma original após terem sido submetidos a uma deformação elástica. Por outro lado, ao ser extremamente flexível, o líder corre o risco de desconectar-se da sua essência e perder a consciência de seu poder verdadeiro.

CONGRUÊNCIA: É a capacidade de ser centrado, autêntico e alinhado com o propósito de uma pessoa; tanto internamente (como se sente) quanto externamente (como alguém age). Congruência é sobre "sair", aventurar-se no mundo para estar a serviço de uma forma que é exclusivamente sua.

Para o exercício da liderança Shakti, precisamos praticar a consciência destes cinco pilares – como as cascas de uma cebola, um está ligado ao outro.

Mapa de polaridade de forças

Quando trago a importância do exercício da liderança consciente e do equilíbrio, especialmente em tempos de crise, gosto muito do resumo deste mapa de polaridades que apresento na imagem a seguir. No mapa, podemos entender que manter o equilíbrio de forças entre nossos polos masculinos e femininos é saber quais são os nossos dons e como utilizá-los para equilibrar nossas lacunas. E, quando falo de uma energia feminina, não me refiro a uma energia que só existe nas mulheres, mas de uma energia que precisa ser resgatada de modo holístico em todos nós.

	POLO FEMININO	POLO MASCULINO
LIDERANÇA CONSCIENTE	**DONS** Empatia, gentileza, inclusão, nutrição, abertura, criatividade, variedade, sabor, confiança, vulnerabilidade, harmonia.	**LACUNAS/EQUILÍBRIO** Clareza, assertividade, foco, direção, ordem, disciplina, estrutura, discernimento, força, convergência.
LIDERANÇA INCONSCIENTE	**PONTOS CEGOS/EXCESSOS** Sufocante, sentimental, carente, dependente, explorado, sem foco, irracional, fraco, manipulador.	**JULGAR/TEMER/EVITAR** Agressivo, cruel, mecânico, arrogante, insensível, violento, com fome de poder, espiritualmente vazio.

A manifestação da liderança pode surgir de forma consciente ou inconsciente, sendo que o inconsciente dessa manifestação, geralmente, se apresenta em forma de excessos ou pontos cegos. O inconsciente masculino, por exemplo, manifesta-se por agressão, violência, crueldade e insensibilidade, características que vemos bastante. Destaco no mapa os dons femininos que estão em falta nas lideranças atuais: empatia, harmonia, vulnerabilidade e gentileza.

O grande entendimento desse mapa é perceber que ele trabalha em eixos transversais. Para fazer a leitura correta, identifique dentro dos polos feminino e masculino do quadrante superior (liderança consciente) qual característica acredita ser predominante na sua forma de liderar. Por exemplo, uma característica muito marcante em mim é a assertividade, que é um elemento do polo masculino. Quando estou fora do meu estado de presença, de consciência, essa característica pode ser manifestada de forma inconsciente e ser vista como arrogância. Outro exemplo de uma característica muito comentada nos últimos tempos é a empatia. Sabemos quanto ela é quase um pré-requisito quando falamos em liderança. Contudo, a empatia exercida de forma inconsciente e em excesso pode "sufocar". Agora que você já sabe qual a sua característica predominante e como ela se manifesta quando você exerce sua liderança inconsciente, pode estar se perguntando: "E como eu saio desse estado de inconsciência e excessos?".

Quando exercemos a liderança inconsciente e polarizada, seja ela feminina ou masculina, é preciso resgatar o nosso polo complementar oposto para sair desse estágio inconsciente e alcançar a liderança consciente e equilibrada.

É necessário identificar qual elemento e qual característica complementar você tem no polo oposto para que resgate o seu estado de consciência. Daí a ideia de equilíbrio de forças. É sobre saber qual característica você precisa trazer para se equilibrar. Voltando aos exemplos anteriores, no meu caso é a empatia que equilibra a arrogância. Se eu tivesse uma empatia sufocante, de excessos, a clareza poderia ser um excelente atributo masculino para resgatar o equilíbrio.

Com essa reflexão, quero reforçar: sim, estamos falando sobre a importância de termos mais mulheres em cargos de liderança, mas também da necessidade de obtermos uma forma mais feminina de liderar para, assim, alcançarmos o equilíbrio e conquistarmos uma sociedade mais igualitária e com maior equidade.

EQUIDADE *VERSUS* IGUALDADE

Por mais similares que as palavras pareçam, os significados não são os mesmos. Enquanto a igualdade parte do princípio de que todos estão no mesmo nível, que estão saindo de uma mesma linha de largada e que têm as mesmas condições, a equidade expressa que, na realidade, cada um de nós possui necessidades diferentes, pois partimos de distâncias e locais distintos.

Vamos imaginar, por exemplo, que temos três pessoas de diferentes estaturas tentando enxergar por cima de um muro: uma alta, uma média e uma baixa. A pessoa alta já consegue ver por cima do muro, a média faz algum esforço e consegue enxergar um pouco, mas a baixa não consegue ver nada. Se dermos um banco igual para que subam neles, a mudança será pouco expressiva; agora, se dou dois caixotes para a pessoa mais baixa, um para a pessoa de estatura mediana e não dou nenhum para a pessoa mais alta, a linha de visão de todos finalmente será a mesma.

Em outras palavras, precisamos da equidade para perceber que existem necessidades individuais e que, quando falamos de liderança feminina e da conquista da mulher nesses espaços, devemos olhar para essas necessidades particulares e buscar ferramentas que ofereçam condições equânimes.

O que acontece hoje no mercado imobiliário é que saímos de uma largada muito desigual. Ele é um mercado que não olhou para essa questão, não discutiu esses assuntos por muitas décadas e agora está defasado em relação a outros setores da economia que já debatem isso há mais tempo.

Se fizermos uma comparação com o setor de tecnologia, por exemplo, veremos que se trata de um segmento que discute a pauta da mulher há bastante tempo e hoje já consegue trazer para a mesa outras pautas tão importantes quanto, como a inclusão LGBTQIA+ e PcD (pessoa com deficiência).

Na jornada de trabalho do mercado imobiliário, ainda notamos um distanciamento grande entre falar sobre isso e colocar em prática. A liderança feminina é um percurso fundamental para conseguirmos atingir esse nível de debate, mas é impossível pular de uma liderança masculina, machista e masculinizada para o tema da inclusão. As ideias não se conversam. O que fazer, então?

A força feminina está em desvantagem, então é preciso colocarmos mais peso, mais força, mais holofote, mais ações afirmativas (como cotas, programas, projetos e grupos) para que a mudança seja rápida e efetiva.

PENSAMENTOS REPETITIVOS E INCONSCIENTES

Como vimos no mapa de polaridades, os pensamentos repetitivos, automáticos e inconscientes são a causa de muitos dos problemas que enfrentamos atualmente na sociedade.

Para trabalhar essa questão, tenho uma ferramenta, que costumo apresentar em minhas mentorias, chamada *crenças limitantes*. Muitas vezes, queremos mudar algum ponto, porém,

> **Se o mercado imobiliário mantiver as crenças do setor da forma como estão, não vai evoluir.**

por mais que façamos modificações em nossas ações, os resultados não aparecem. Isso acontece justamente porque temos um pensamento ou uma crença limitante que precisa ser identificado e modificado. Se não atuarmos na origem dessas crenças, mudar a ação não resultará em nada.

Mudar as crenças limitantes é a chave para destravarmos o modelo de liderança atual e possibilitar a inclusão de todas as pautas que tenho levantado aqui no livro. Se o mercado imobiliário mantiver as crenças do setor da forma como estão, não vai evoluir.

É muito poderoso voltar às crenças e considerar quais delas estão nos limitando ou expandindo as ações que vemos como possíveis. Ter um pensamento limitante restringe o nosso campo de ação e, consequentemente, reduz as possibilidades de resultados, como nos momentos em que acreditamos que não estamos prontas para o próximo passo em nossa carreira por falta de determinado curso ou certificação. Muitas de nós cultivamos um pensamento limitante de que nunca estamos preparadas o suficiente para dar o próximo passo profissional. Este é um exemplo de uma crença limitante que identifico com frequência nas mentorias que lidero: de que não sou boa ou não sei o suficiente.

Quando percebemos a nossa mentalidade automática de ações e reações repetidas, podemos aceitar que isso está acontecendo e, a partir de então, tomar uma atitude mais inspiradora e consciente.

Sendo bem honesta, a verdade é que nunca vamos nos livrar por completo desses pensamentos repetitivos, inconscientes e mecânicos, porque eles não vão desaparecer, mas precisamos perceber que temos o poder da escolha. Saber disso é uma maturidade na nossa forma de liderar e de agir. O que proponho aqui é que você, leitor e leitora, possa usar essas ferramentas e elementos para amadurecer a consciência das próprias escolhas e decidir iniciar as próprias ações a partir de um pensamento inspirador, e não de uma crença limitante.

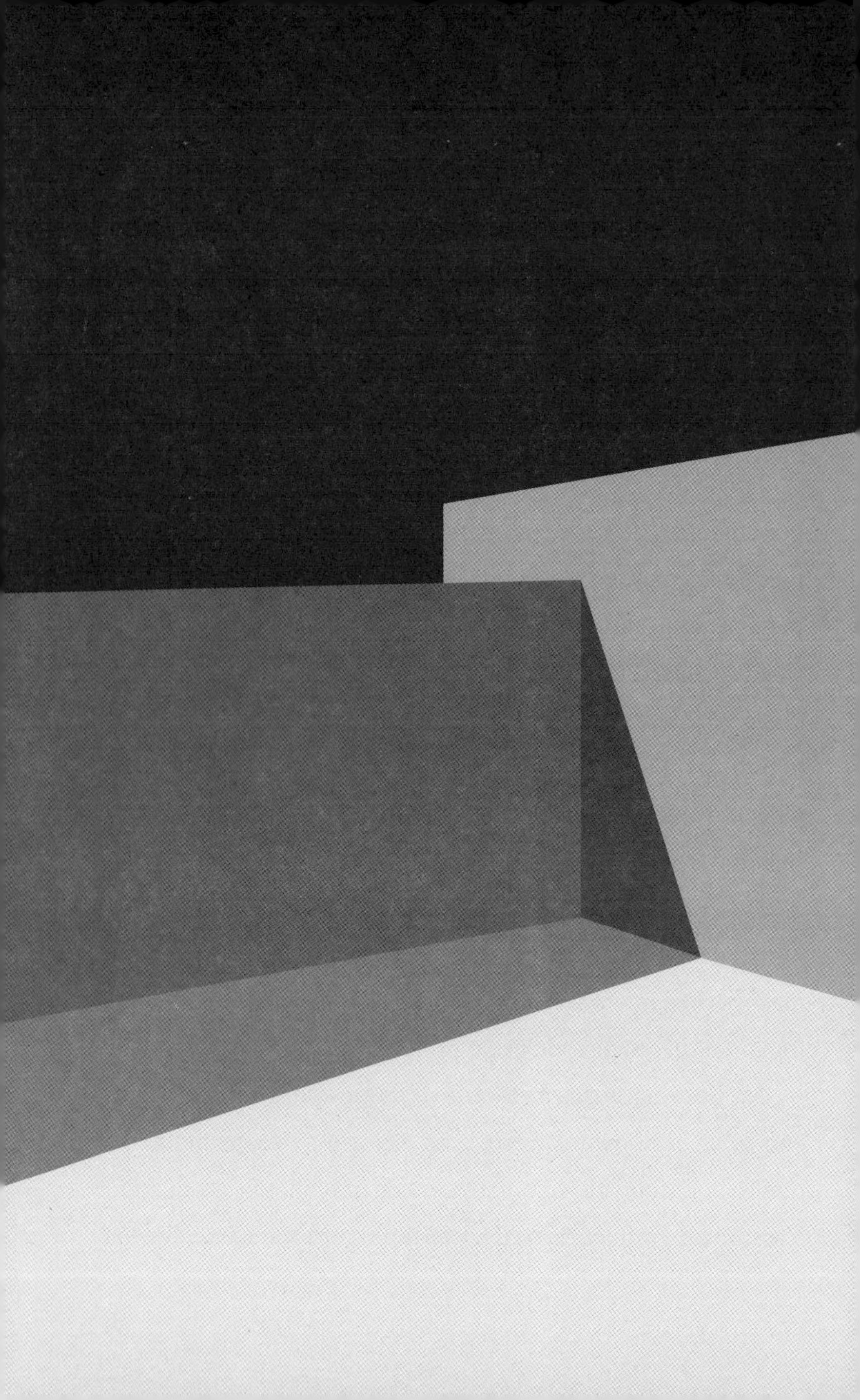

PARTE QUATRO

O LADO FEMININO DO MERCADO IMOBILIÁRIO

A MULHER INFLUENCIADORA

Em março de 2020, quando iniciamos a pesquisa "A busca pelo imóvel: uma questão de gênero?" – elaborada pela Behup, em parceria com o movimento **MULHERES DO IMOBILIÁRIO** –, analisamos os dados obtidos com base nas respostas dos entrevistados para compreender melhor a influência das mulheres na jornada de compra de um imóvel. A pesquisa nos trouxe informações fundamentais para entender como homens e mulheres tomam decisões quando estão procurando suas propriedades.

Na hora da busca pelo imóvel, a pesquisa mostrou que, enquanto os homens preferem os meios digitais, as mulheres têm maior afinidade com corretoras e imobiliárias. Já quando o assunto é a influência na decisão de compra, tanto os homens quanto as mulheres acreditam – quase de modo igualitário – que seus companheiros devem participar do processo decisório.

No entanto, quando analisamos os dados de quem realmente influencia a conclusão da compra, 62,1% dos homens dizem ter sido influenciados por suas companheiras, enquanto apenas 49,6% das mulheres afirmam o mesmo. Além disso, quase duas vezes mais mulheres relataram ter decidido sobre a compra de seus imóveis sem nenhuma influência dos companheiros e mais que o dobro delas declararam não ter tido nenhuma ajuda do parceiro no processo de escolha, em relação ao total de homens que passaram pela situação.

Outra informação interessante é que 28% das mulheres afirmam ter visitado, apenas uma vez, o imóvel comprado, enquanto apenas 17% dos homens tomaram essa decisão da mesma forma. Um dado interessante que quebra vieses inconscientes, como o de que mulheres são indecisas.

A pesquisa também indica que os homens ainda detêm o maior poder econômico, mas que mais de um terço das mulheres pagam pelos imóveis principalmente com as próprias economias. Ainda que essa quantidade seja inferior à dos homens, que têm recursos integrais para arcar com os imóveis, essa é uma grande conquista de autonomia para as mulheres, e fica evidente que precisamos passar a relacionar a figura feminina com a ideia de proprietária e investidora no setor, uma *persona* de opinião, influência e poder de compra na construção de patrimônio.

AS INVESTIDORAS DO MERCADO

Para que os investimentos no mercado imobiliário se tornem um assunto feminino, é de extrema importância falarmos sobre o aumento da representatividade de mulheres à frente das empresas, o que significa incluir a figura feminina na agenda dos debates sobre quem movimenta as decisões e os rumos econômicos do segmento imobiliário.

Ainda são poucas as mulheres que lideram empresas neste segmento, mas um nome que se destaca no cenário mundial é o da chinesa Yang Huiyan, que, aos 39 anos, possuía US$ 29,6 bilhões em patrimônio, provenientes de 57% das ações da Country Garden Holdings, empresa do ramo imobiliário.

Atuante no conselho da companhia desde a adolescência, Yang reforça o quanto a transição entre gerações pode ser uma grande oportunidade em um mercado que é representado por importantes empresas de caráter familiar que encontram dilemas de gestão no planejamento de sua sucessão.

A presença de mulheres à frente de organizações é mais um importante indicador, especialmente quando queremos incluí-las na pauta dos investimentos, de que a representatividade pela equidade de gênero pode e deve ser alcançada em todos os níveis.

Em abril de 2021, a B3 (Bolsa do Brasil) registrou um importante acontecimento no cenário dos investimentos realizados por mulheres: entre todas as pessoas físicas que investiam na bolsa, 1 milhão era de CPFs femininos. Desde 2011, último dado que estava disponível, o aumento de mulheres investidoras foi de 590%. Ainda que sejam minoria, a fatia de mulheres também é a maior em 10 anos: elas são 27,34% do total[1].

O perfil da demanda de imóveis publicado no relatório Fipe Zap do primeiro trimestre de 2021[2] revelou outro dado importante para o setor imobiliário: na avaliação do perfil de investidores, apesar de os respondentes do gênero masculino serem ainda a maioria em todos os grupos, as mulheres aparecem como 39% dos potenciais investidores, 36% dos que investiram nos últimos doze meses e 35% dos que investem há mais de doze meses.

---

1. Naiara Bertão, Número de mulheres na B3 bate a marca histórica de 1 milhão. *Valor Investe*, 4 mai. 2021. Fonte: https://valorinveste.globo.com/mercados/renda--variavel/noticia/2021/05/04/numero-de-mulheres-na-b3-bate-a-marca-historica-de--1-milhao.ghtml. Acessado em: 28 ago. 2021.

2. Amanda Bueno, Participação de investidores entre compradores de imóveis encerra 2020 em alta. *Fipe Zap*, 12 fev. 2021. Fonte: https://fipezap.zapimoveis.com.br/participacao-de-investidores-entre-compradores-de-imoveis-encerra-2020-em--alta/. Acessado em: 24 jul. 2021.

● MULHERES ○ HOMENS

39% / **61%**
POTENCIAIS INVESTIDORES

36% / **64%**
INVESTIRAM NOS ÚLTIMOS DOZE MESES

35% / **65%**
INVESTEM HÁ MAIS DE DOZE MESES

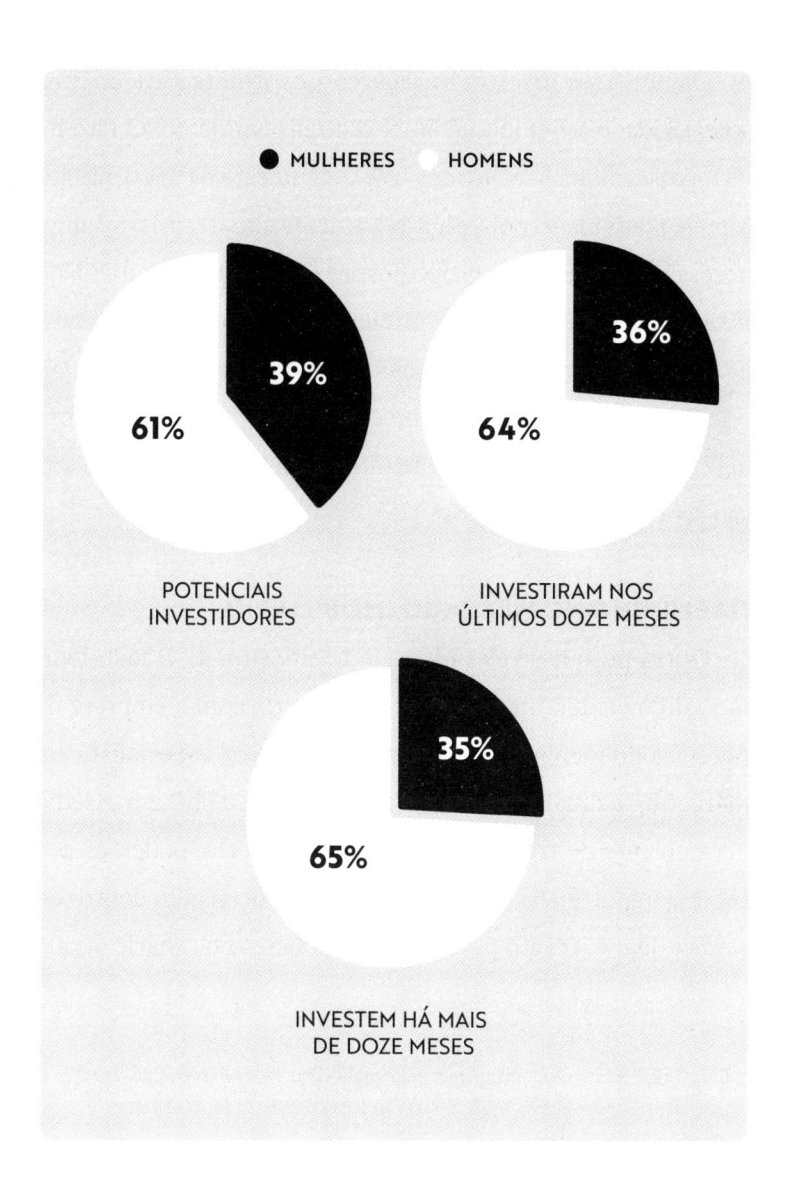

Os números revelam um marco importante para a representatividade feminina no âmbito do investimento. O fato de ultrapassarmos a barreira dos 30% é significativo para o quesito representatividade, pois, estatisticamente, um terço é o mínimo necessário para que um grupo possa exercer representatividade no ambiente que ocupa: um primeiro passo para quem busca a equidade de gênero em qualquer circunstância.

Este movimento que acontece tanto no setor quanto fora dele reforça o protagonismo feminino quando falamos da decisão sobre os investimentos[3].

O FEMININO NO MERCADO IMOBILIÁRIO

Outra pesquisa relevante que fizemos foi a "O lado feminino do mercado imobiliário", em parceria com a empresa de pesquisa do mercado imobiliário DataStore, a especialista em marketing Raquel Trevisan e a pesquisadora e PhD em assédio no ambiente de trabalho Alice Oleto. Com ela, pudemos perceber a importância de ter mais equidade de gênero dentro do setor e qual é o exato perfil dessas mulheres no cenário atual.

---

3. Elisa Tawil, As investidoras do mercado imobiliário. *Imobi Report*, 5 jul. 2021. Fonte: https://imobireport.com.br/as-investidoras-do-mercado-imobiliario/. Acessado em: 24 jul. 2021.

Um dos aspectos mais interessantes desse levantamento é perceber o quanto a mulher que trabalha no setor é preparada para exercer a sua função. Estamos falando de uma mulher que tem, em média, 39 anos, com 19,1 anos de experiência no mercado de trabalho e, em média, 14 anos atuando dentro do setor imobiliário. Além disso, 47% delas possuem pós-graduação, mestrado ou doutorado – o que reforça a ideia de que são mais preparadas, estudam mais e têm um grau de educação e de conhecimento maior.

Outro dado importante é que apenas 42% dessas mulheres são casadas, ou seja, a maioria delas é solteira, não tem união estável ou está divorciada – o que confirma a mudança de comportamento e de configuração da família que mencionamos anteriormente. Além disso, 58% das mulheres que trabalham no setor são as principais provedoras de suas famílias – reforçando significativamente a imagem da mulher como possível chefe de família e tomadora de decisão. Entretanto, apenas 27% são não brancas, o que infelizmente comprova a baixa representatividade e diversidade racial no setor.

A média de receita das mulheres que atuam no setor imobiliário é de R$ 12.709,90 – uma média salarial relativamente alta para o momento atual da economia brasileira. Quando perguntadas sobre o grau de satisfação com a vida profissional atual, 81% delas deram uma nota maior que 6, deixando a média em 7,4.

UM SETOR DOENTE

Um fator de alerta que identificamos em nossa pesquisa e que exige nossa imediata atenção é a questão do assédio: 61% das mulheres entrevistadas já sofreram assédio ou se encontraram em uma situação constrangedora em seu ambiente de trabalho. Dentro dessa porcentagem, 40% delas relataram ter sofrido assédio sexual. Infelizmente, acredito que esse número deve ser ainda maior, porque, muitas vezes, não sabemos que uma situação de opressão ou uma circunstância constrangedora pode ser considerada ou caracterizada como assédio.

Vivi isso na pele em uma incorporadora em que trabalhei por muitos anos. Eu já estava em um cargo de gerência de bastante reconhecimento pela empresa quando entrou um novo diretor a quem eu precisaria me reportar. Nós tínhamos reuniões semanais com todo o departamento e, em geral, aproximadamente vinte colaboradores participavam delas. Em determinada ocasião, o diretor começou a reunião direcionando a primeira pergunta para mim. O que ele queria saber era se, na noite anterior, eu havia dormido ou não com o meu namorado. É claro que me senti extremamente constrangida e não fazia ideia do que responder. Só fui compreender que aquele era um episódio de assédio sexual muitos anos depois do ocorrido.

Compartilho essa história para mostrar que adversidades como essa influenciam na jornada da mulher, no degrau quebrado e no telhado de vidro, como já falamos anteriormente. São situações difíceis de superar quando queremos insistir em nossa carreira e, mais que isso, são circunstâncias inegociáveis. Será que todas as mulheres que passaram por situações como essa conseguiram identificar que estavam em uma situação de assédio? Conseguiram evoluir em sua carreira? Ou desistiram?

Quando lançamos essa pesquisa, em março de 2021, fizemos questão de publicar também uma cartilha[4] sobre combate ao assédio sexual e moral no ambiente de trabalho, de forma a esclarecer melhor o que é uma situação de assédio, como colher provas de que isso está acontecendo e o que pode ser feito.

A cartilha foi desenvolvida com o suporte da professora, advogada, pesquisadora e doutora Alice Oleto, que estuda o assédio no ambiente de trabalho e nos orientou, não só em nossa pesquisa, como também no processo de criação da cartilha. Essa foi a forma que encontrei para instruir as pessoas sobre o assunto e auxiliar mulheres a sair desse tipo de situação.

Acredito que, muitas vezes, a mulher não sabe que está passando por uma situação de assédio, assim como o homem não

---

4. Para mais informações, consulte: https://mulheresdoimobiliario.com.br/.

percebe que está provocando esse tipo de circunstância. Por isso, é extremamente relevante que a gente divulgue o assunto, fale sobre ele para empresas e profissionais com a intenção de instruir e crie canais de comunicação para que possamos nos tornar agentes transformadores.

Ainda que o assédio seja um assunto relevante para todas as camadas sociais, quero trazer a atenção para situações específicas dentro do mercado imobiliário. Além do que acontece dentro do meio corporativo, vamos imaginar, por exemplo, uma corretora que precise mostrar um imóvel – que muitas vezes está fechado – para um possível cliente. Se ela está em um bairro inóspito, em um horário com pouca circulação de pessoas na rua, como ela pode se sentir segura e evitar um possível assédio? Muitas vezes, a melhor decisão nesse momento é pedir que alguém a acompanhe nessa visita, mas isso pode colocar em risco – aos olhos do cliente – o profissionalismo e potenciais ganhos dela, o que não é legítimo.

Estamos falando de casos que o mercado precisa encarar e acolher, porque 61% de mulheres assediadas é um dado alarmante e, de acordo com Alice Oleto, acima da média em relação a outros setores – sem considerar a perspectiva de que esse número pode ser ainda mais alto.

Trazer o assunto "assédio" para a pauta é o caminho para estimular o mercado a oferecer algum tipo de combate para uma situação tão recorrente. Se tivermos mais mulheres em posições de cargo de liderança e mais homens que assumam uma visão feminina na forma de liderar, teremos mais cuidados com as pessoas que atuam em nosso segmento.

A PAUTA FEMININA COMO CAUSA DO SETOR

Quando falo em setor, estou me referindo não só aos profissionais do mercado imobiliário, mas sobretudo ao sindicato, aos conselhos, às entidades, aos líderes, às principais empresas e empresários. Quando proponho como solução para os problemas que apresentei até agora que o setor abrace a pauta feminina, não adianta encarar isso como um item a ser riscado de uma lista. É preciso compreender os motivos pelos quais a causa é necessária e os resultados que poderão ser conquistados a partir dela.

No início dos anos 2000, quando era "moda" adquirir certificações ambientais, vi muitos exemplos de busca por essas permissões apenas pelo *status* de ter um empreendimento – teoricamente – sustentável. Essa prática ficou conhecida como *greenwashing* (banho verde) e indica a apropriação injustificada de virtudes ambientalistas e consequentes prerrogativas por parte de organizações ou pessoas, mediante o uso de técnicas de marketing e relações públicas. Na prática, justamente por não entenderem a importância do conceito por trás dessas certificações, muitos empreendimentos desenvolveram supostos aperfeiçoamentos que não eram nada funcionais. Por exemplo, incluir vagas de bicicletas em uma área aonde não era possível chegar pedalando, ou instalar um ponto de recarga para carros elétricos sem viabilizar as manobras necessárias que o carro teria de fazer para conseguir, de fato, chegar ali e carregar.

Essa prática de "riscar um item da lista" sem que exista uma consciência por trás da ação é, exatamente, o que tenho visto quando o assunto é a pauta feminina dentro do setor. Seria uma espécie de *"femalewashing"*, um banho feminino.

Não basta convidar uma mulher para falar em um evento apenas e somente sobre a agenda feminina dentro das empresas; ela precisa ser chamada para falar sobre sua área de atuação e especialidade. Assim como não basta contratar mais mulheres apenas para cumprir uma cota ou quantidade, é necessário *escolher* colocar mulheres em posições de estratégia e liderança de forma consciente.

Vinte anos depois das primeiras certificações ambientais, temos uma nova forma de avaliar os impactos e o desempenho das empresas considerando os aspectos de meio ambiente, sociedade e governança – conhecido pela sigla ESG, que abordaremos com detalhes mais adiante.

Essa nova dinâmica acaba impondo uma relação *top down*, ou seja, de cima para baixo, de forma que a pauta feminina e as causas sustentáveis sejam, de fato, incorporadas no mercado. O caminho será mais fácil para aqueles que compreenderem as razões pelas quais a dinâmica se faz necessária e para aqueles que puderem enxergar que, no final, haverá ganhos e lucros da mesma maneira ou até maiores.

De acordo com uma pesquisa da consultoria internacional McKinsey & Company, existe de fato um vínculo entre diversidade e performance financeira:

> Na América Latina, as empresas com equipes executivas diversificadas em termos de gênero têm 14% mais probabilidade de superar a performance de seus pares na indústria. Além disso, as empresas percebidas pelos funcionários como tendo diversidade em termos de gênero têm probabilidade 93% maior de superar a performance financeira de seus pares na indústria[5].

---

5. Paula Castilho, Diversity Matters: América Latina. *McKinsey & Company*, 2 jul. 2020. Fonte: https://www.mckinsey.com/br/our-insights/diversity-matters-america-latina. Acessado em: 23 maio 2021.

A pesquisa traz ainda dados sobre a felicidade dos funcionários dentro das empresas e como elas estão mais propensas a obter ganhos maiores. Será que não é importante falar também sobre felicidade depois de uma crise pandêmica mundial? Está na hora de diminuir o *turnover* (taxa de rotatividade de funcionários) e repensar todas as nossas ações dentro do mercado.

Enquanto escrevo este livro, nenhum sindicato ou conselho tem um movimento para a inclusão e a equidade em sua constituição. Acredito que outros setores que já estão colocando essas medidas como prioritárias na agenda sairão na frente, enquanto nós, novamente, vamos precisar colocar mais energia para alcançá-los em termos de desenvolvimento.

SABER SEGMENTAR

Linhas de crédito de financiamento imobiliário focadas no público feminino

As linhas de crédito são uma bandeira que eu tenho levantado e procurado expandir o debate. O programa *Casa Verde e Amarela* – antigo *Minha Casa, Minha Vida* – já trabalha com uma percepção de olhar voltado para a mulher como chefe de família, no sentido de direcionar a ela a oferta de crédito e encará-la como a principal gestora responsável pelo lar.

O programa social do governo entende que a mulher é a principal responsável por sustentar a casa e é a pessoa capaz de assumir o empréstimo oferecido pela Caixa Econômica Federal dentro do programa.

Hoje, por exemplo, a medida provisória do programa *Casa Verde e Amarela* (MP 996/20)[6] estabelece que tanto o contrato quanto o registro do imóvel devem ser feitos, preferencialmente, em nome da mulher. A medida atesta ainda que, se ela for chefe de família, ou seja, se for a responsável principal pelos proveitos da família, não precisará da concordância do marido para tal.

Desde julho de 2018, dentro dos programas da Companhia de Desenvolvimento Habitacional e Urbano do Estado de São Paulo (CDHU), a mulher também tem prioridade na titularidade das posses ou na propriedade de imóveis adquiridos por meio do programa habitacional. Isso porque, infelizmente, era muito comum que os maridos, donos dos imóveis, colocassem as mães e os filhos para fora de casa quando decidiam terminar o casamento, o que deixava a família completamente desamparada.

---

6. Eduardo Piovesan, Mulheres terão preferência no registro de imóveis do Casa Verde e Amarela. *Câmara dos Deputados*, 3 dez. 2020. Fonte: https://www.camara.leg.br/noticias/712841-mulheres-terao-preferencia-no-registro-de-imoveis-do-casa-verde-e-amarela. Acessado em: 16 jun. 2021.

Com essa mudança, os resultados têm sido mais positivos, e os apartamentos quase sempre ficam com a família.

Entretanto, ao observarmos esses exemplos e deslocarmos a perspectiva dos programas de impacto social para as linhas de crédito e os bancos de primeira linha ou de outros bancos que ofereçam produtos imobiliários, não é tão fácil encontrar soluções ou comunicações que conversem com as mulheres.

Não quero dizer com isso que precisamos oferecer descontos ou diminuir os valores porque as mulheres não têm poder aquisitivo, mas que devemos, sim, desenvolver uma comunicação que inclua as mulheres nessas oportunidades e que as encare como tomadoras de crédito capazes de comprar os seus próprios bens imobiliários. A comunicação e a estruturação que vemos hoje ainda são muito masculinizadas e machistas dentro da ótica de que a mulher não é uma possível compradora de imóveis.

Questionei a Associação Brasileira de Crédito Imobiliário (ABECIP) sobre o recorte de gêneros em relação aos números, no entanto, até o momento, esse dado não existe no setor. Essa é uma pauta que eu vou levantar para provocar mais uma reflexão ao mercado. Quero que os bancos e as instituições financeiras percebam que faz muito sentido falar sobre opções de comunicação e linhas de crédito que sejam facilitadas para tornar o acesso mais tangível para as mulheres. E, de novo, reforço que não acredito que isso deve ser feito com descontos e preços baixos, porque assim repetiremos o viés inconsciente de achar que o dinheiro da mulher vale menos e que ela não tem poder aquisitivo.

Temos que começar a pensar que a mulher está atingindo essa situação de equidade salarial e que, por isso e para isso, ela precisa de linhas de crédito tão acessíveis quanto a dos homens. Elas necessitam, sim, ser reconhecidas como público-alvo.

SABER COMUNICAR

Na grande maioria das vezes, a comunicação no mercado imobiliário está orientada por um marketing muito padronizado, mas recentemente, com a inserção das estratégias de mídias e marcas digitais e o uso das redes sociais, esse cenário tem mudado. Acredito que as estratégias de comunicação possam passar a considerar alguns pontos que levanto com os perfis apresentados nas pesquisas do movimento **MULHERES DO IMOBILIÁRIO**.

Sendo a mulher a grande influenciadora da jornada de compra do imóvel, será que os profissionais estão dirigindo e orientando as estratégias de marketing com esse perfil em mente? Será que já estão, conscientemente, incorporando a influência feminina na decisão de compra de um imóvel? Se sim, como isso está sendo planejado e apresentado?

Hoje sabemos que, para impulsionar uma postagem com a intenção de atingir determinada audiência, é possível direcioná-la por sexo, idade, localização, entre outros. Essa comunicação precisa incorporar o novo discurso na prática e refletir sobre a representatividade nas peças gráficas, nos espaços onde as mídias estão sendo aplicadas e nos eventos que as empresas promovem, pois isso esclarece como elas se posicionam para a sociedade – seja para o mercado consumidor, seja para o investidor.

Se a comunicação mantém o homem hétero, branco e de meia-idade, que representa o perfil de quem (ainda) está nas mesas de decisão e não na influência de tomada de decisões, estamos repetindo comportamentos inconscientes que não contribuirão para as mudanças que precisamos ver acontecer.

Por isso é tão importante trazer a diversidade para dentro das empresas: porque é dentro desses espaços que as decisões são tomadas e as diretrizes são alinhadas e definidas. Por exemplo, se vamos fazer uma postagem nas redes sociais sobre o Dia do Trabalho, por que manter a imagem antiquada do homem branco de terno? Só ele trabalha? Qual é o perfil dos demais trabalhadores e trabalhadoras? Como isso pode ser representado nessa postagem?

Esse tipo de atenção só acontece com olhares diferenciados. Se você não tem na sua mesa de decisão pessoas que têm formas de pensar diferentes da sua, como espera conseguir atingir um público mais diversificado e abrangente?

O HOMEM COMO EMBAIXADOR DA CAUSA

É muito comum alguém perguntar se um homem pode ser feminista ou não. Alguns homens se autointitulam como feministas e querem se colocar nessa posição. Eu não quero dar nenhuma resposta de permissão ou negação, porque não estou aqui para dar chancela a ninguém, e acredito que é importante compreendermos bem do que se trata o movimento antes de tomar decisões precipitadas. O feminismo é um movimento de igualdade e de percepção dos espaços que as mulheres ocupam – então, se um homem quiser se considerar feminista, ele precisa entender o papel que ocupa nessa estrutura.

O papel do homem é perceber quando ele pode incluir a mulher e permitir que ela se apresente em algumas situações, o que, muitas vezes, ele não consegue perceber. É por essa falta de discernimento e autopercepção que, hoje em dia, existem termos como o *manterrupting*, que é usado quando os homens interrompem a mulher constantemente sem deixá-la participar da conversa e terminar suas falas, e o *mansplaining*, usado quando homens, além de interromperem as mulheres, decidem explicar exatamente o que ela acabou de explicar.

As atitudes, em si, sempre existiram, e não é porque agora existe um nome que a situação também passou a existir. Porém, ao nomear essa ação, conseguimos trazer à luz, à consciência, algo que precisava ser analisado. Se você tem esses hábitos em uma sala de reuniões, por exemplo, com certeza repete essa atitude em outras esferas da sua vida.

Recentemente, em uma sala que organizo toda quinta-feira no ClubHouse (rede social só de áudio) para o **MULHERES DO IMOBILIÁRIO**, aconteceu algo muito interessante. Estávamos fazendo um painel sobre liderança feminina, quando o líder de uma empresa resolveu participar. O painel era só de mulheres, mas, mesmo assim, ele quis falar. Escutamos por alguns minutos enquanto ele contava que a empresa dele tinha muitas mulheres, mais diversidade e maiores lucros, o que é ótimo e exatamente os resultados que gostamos de ouvir. Mas por que ele não trouxe uma dessas mulheres para participar do painel em vez de optar por ter o lugar de fala?

O homem como embaixador da causa feminina precisa ceder os espaços de fala para as mulheres sempre que isso for possível. É muito comum no mercado imobiliário encontrar uma empresa composta majoritariamente por mulheres que estão ali batalhando no dia a dia, mas, na hora de aparecer no palco, quem se apresenta é o homem.

Então, aos homens que desejam fortalecer o movimento, o que tenho a dizer é: cedam os espaços! Abrir essas oportunidades de fala e deixar que elas apareçam faz parte desse caminho de construção do homem que quer ver a mulher ocupando os espaços na sociedade. E, caso sua percepção seja de que essa mulher não está preparada, prepare-a. Invista nela e traga-a para o *status* que você precisa. Pergunte se ela quer fazer parte disso. Por exemplo, já me deparei muitas vezes com frases como "ah, ela tem filhos e não vai querer assumir essa responsabilidade". Como você tem certeza disso? Já fez essa pergunta a ela?

Use o elemento – que é feminino e existe em todos nós – da flexibilidade, da resiliência. Temos de entender que a rigidez masculina precisa se flexibilizar para incorporar as mulheres nessa escala de valor.

Essa é uma construção que deve ser trazida não só para os espaços de trabalho, como também dentro de casa e na convivência familiar. Não basta aplicar o ESG em sua empresa se dentro de casa você é um homem que não deixa a mulher trabalhar, que não lava a louça, não troca a fralda e não leva o filho para a escola. Não imponha uma construção social e uma relação de equidade em sua empresa sem levar também esses conceitos para dentro do seu próprio lar.

Ter congruência em seu discurso é imprescindível para cumprir o seu papel social.

PARTE CINCO

MULHERES DO IMOBILIÁRIO

COMO SURGIU?

A ideia do **MULHERES DO IMOBILIÁRIO** surgiu quando tive uma reunião na incorporadora Tegra, uma das maiores do mundo. Lá, encontrei alguns amigos do mercado, e, enquanto conversávamos, a recepcionista saiu da sala. Naquele exato momento, percebi que só havia homens ali, então resolvi contar quantos estavam presentes. Eram quinze, e eu era a única mulher. Aquela sensação de ser a única ficou muito marcada para mim. Fiz a reunião e fui embora, mas fiquei pensando no assunto. Será que eu era a única mulher que resolveu empreender no mercado?

Quando cheguei em casa, abri o PowerPoint e comecei a montar uma apresentação sobre a mulher do mercado imobiliário. Comecei a inserir dados e me questionar sobre o porquê de elas não aparecerem. Cheguei a fazer uma lista de nomes de mulheres que eu considerava referências no mercado. Foi então que parei, olhei para o que estava fazendo e pensei: "Mas para quem eu vou apresentar isso?". Guardei tudo, e a apresentação não evoluiu muito.

Entretanto, apesar de ter largado o projeto naquele dia, comecei a tratar desse assunto em minhas redes sociais. Eu já vinha falando de liderança feminina, então passei a pincelar também assuntos relacionados ao mercado imobiliário para tentar ligar esses dois temas, que ainda estavam muito desconexos e distantes no meu mundo.

Isso aconteceu no primeiro semestre de 2019. Continuei trabalhando, e a apresentação ficou guardada. Até que, um dia, compartilhei no LinkedIn um evento em Nova York só de mulheres do *real estate* e Ricardo Monteiro, diretor da Setin Incorporadora, comentou: "Nossa, esse assunto muito me interessa". Começamos a conversar, e aquela foi a primeira vez que me dei conta de que o assunto tinha apelo. Falamos mais sobre a ideia e chegamos a esboçar a possibilidade de montar um evento para as mulheres do mercado no Brasil, mas a ideia acabou não avançando naquele momento.

Pouco tempo depois, Renata Botelho, que na época era executiva na MRV, me escreveu, também no LinkedIn, que estava vindo para São Paulo e queria muito conversar comigo. Eu não a conhecia e fiquei em dúvida se ela queria falar sobre liderança feminina no mercado ou se estava interessada em fazer mentoria. Depois de nos encontrarmos e conversarmos por um bom tempo, percebi que, na verdade, ela estava descrente do mercado e não conseguia enxergar um futuro para sua carreira.

Foi então que resolvi compartilhar a vontade que eu tinha de montar um movimento e de unir um grupo de mulheres que trabalhassem no setor imobiliário. Afinal, para alcançarmos um lugar que almejamos, precisamos começar de algum lugar, certo? Perguntei se ela gostaria de começar esse movimento comigo, e ela imediatamente topou.

Comecei por São Paulo e ela, pelo Rio. A ideia era convidar o máximo de mulheres que conhecíamos em nosso meio e das quais tínhamos o contato de celular. Na mesma semana, uma ex-colega de trabalho, Lia Meger, me escreveu, dizendo que queria que eu fosse falar sobre liderança feminina no Sul. Contei a ela sobre o projeto e perguntei se gostaria de começar o movimento na região. A meta era juntar pelo menos cinquenta mulheres para que pudéssemos comunicar nas redes sociais que havíamos iniciado um movimento – e foi assim que surgiu a ideia.

Renata Botelho, Lia Meger e eu começamos a contatar todas as amigas e colegas do setor. Quando chegamos a cinquenta – e isso aconteceu em uma semana –, começamos a anunciar nas redes sociais sobre o grupo. Tudo aconteceu de uma forma muito orgânica e exponencial, e em um mês já tínhamos cem mulheres participando do movimento. Para comemorar, organizamos o nosso primeiro encontro presencial em São Paulo, em agosto de 2019.

Foi muito emblemático. O encontro aconteceu em uma unidade do Spaces, que é um coworking da Regus, uma empresa multinacional que oferece salas de reunião e escritórios. Thiago Alves, o CEO da Regus, super acolheu a ideia do movimento desde o primeiro dia. Nessa época, ainda nem tínhamos um logo, e criei tudo pelo celular de uma forma muito espontânea. Depois de fazer a abertura do espaço para usarmos, o Thiago me perguntou se poderia ficar para ouvir o que tínhamos a dizer. Certamente respondi que sim. Depois, percebi que ele e o marido de uma das participantes eram os dois únicos homens na sala.

O evento foi muito interessante, porque nunca existiu um espaço tão aberto para falar de questões femininas no mercado imobiliário. Muitas choraram, se emocionaram e compartilharam momentos que, até então, não tinham contado a ninguém, como as dificuldades que enfrentaram quando tiveram filhos.

Quando o encontro acabou, Thiago me chamou e disse: "Elisa, eu quero te agradecer, porque nunca entendi esse lado das mulheres. Eu contratei uma empresa de liderança feminina para fazer um treinamento com as mulheres da minha empresa, mas os homens estavam proibidos de entrar. Quando elas saíam da sala, a gente não entendia o que estava acontecendo. O fato de você ter me deixado participar fez toda a diferença para que eu pudesse entender sobre o que vocês estão falando".

A partir desse dia, eu entendi também quão importante era convidar os homens para a pauta. Eles devem estar sempre com a gente. É claro que temos, por exemplo, exclusividade para mulheres no grupo no Telegram, mas em todos os eventos os homens são convidados. Precisamos nos atentar para o lugar de fala, que mencionamos anteriormente: os homens não necessitam opinar em todas as pautas e discussões, principalmente nas redes sociais, onde o gerenciamento de quem está falando é mais complicado. Alguns assuntos dizem respeito apenas às mulheres. Mas nos eventos públicos a integração deles é bem-vinda: tudo que fazemos que envolva público, os homens podem participar.

Depois desse primeiro encontro, fizemos outros: um no Rio de Janeiro, quando atingimos duzentas mulheres, e um em Curitiba, quando tivemos trezentas participantes. Tudo aconteceu ainda em 2019. Já em 2020, começamos a agenda com um evento, em Belo Horizonte, para comemorar as quatrocentas mulheres participantes! Foram dois dias de evento.

Tínhamos toda uma agenda montada para março de 2020 e um projeto chamado *Missões Mulheres do Imobiliário*, que consistia em um grupo de mulheres que visitariam as maiores incorporadoras das principais cidades para debater a pauta feminina dentro das empresas. Estávamos bem animadas, porque as mais importantes companhias do setor já tinham aceitado abrir as portas para nós.

E então veio a pandemia...

Em março de 2020, eu estava de férias e viajando com minha família para visitar parentes que moravam em Paris, quando o vírus começou a contaminar cada vez mais pessoas de forma acelerada pelo mundo todo. Liguei para uma das participantes, sugerindo que cancelássemos os eventos, mas ela disse que, no Brasil, ninguém ainda estava falando sobre a pandemia. No dia seguinte, eu estava tão angustiada vendo as notícias sobre aquela situação que resolvi tomar uma decisão, então peguei o celular e liguei para ela de novo: "Karina, a gente *vai* cancelar".

Gravei um vídeo, lá mesmo onde eu estava, pedindo mil desculpas para todo mundo que havia se inscrito – eram mais de quinhentas pessoas interessadas em participar –, mas senti que precisava fazer aquilo. Foi a primeira vez que tive de tomar uma decisão pelo grupo, mas assumi a liderança e a responsabilidade do que viria pela frente. O Brasil ainda não tinha entendido a gravidade do que estava acontecendo, mas eu, vivenciando o aumento dos casos na Europa, percebi o tamanho do problema com mais antecedência.

Quando voltei para o Brasil, já estávamos no primeiro *lockdown*, então converti toda a ideia das "missões" para "conexões". Criei painéis on-line com temáticas variadas, desde o impacto da pandemia no mercado imobiliário e no país, até a pauta do aumento da violência doméstica – algo importantíssimo que eu quis abordar –, em que falamos sobre o projeto de lei que atribui ao síndico a obrigatoriedade de denunciar casos de violência.

Organizei os painéis com o intuito de continuar a falar sobre o movimento **MULHERES DO IMOBILIÁRIO** e levar os assuntos para dentro da casa das pessoas, já que não tínhamos mais como nos encontrar fisicamente. Criei encontros pelo Zoom para estabelecer um vínculo entre as participantes e nos sentirmos próximas de alguma forma. Aumentei a quantidade de interações no grupo do Telegram e me transformei em uma "energizadora de comunidades", como diz Gabriela Teco, da HSM. Fiz de tudo para que o grupo não perdesse o ânimo e pudéssemos nos ajudar.

Foi nesse momento também que elaborei com a Behup a primeira pesquisa que lançamos, "A busca pelo imóvel: uma questão de gênero?", em que entrevistamos quase 2 mil pessoas para que pudéssemos entendermos a influência da mulher na jornada de compra do imóvel (e cujos resultados você, leitor(a), acompanhou aqui no livro).

Organizei o lançamento da pesquisa para que coincidisse com o primeiro ano do **MULHERES DO IMOBILIÁRIO**, e tivemos um dia inteiro de painéis on-line. Consegui, nesse dia, algo inédito no setor imobiliário: juntar em um único evento para comentar sobre a nossa pesquisa os três principais portais: Imovelweb, Zap Imóveis e a OLX. Hoje, a OLX é dona do grupo Zap, mas na época ainda eram empresas separadas. Ter três concorrentes para conversar é uma característica do nosso movimento, que reforcei bastante ao longo do livro: precisamos de diversidade na mesa de discussão e com debates empáticos sobre o setor para que possamos criar e promover diálogos. Para encerrar o evento, tivemos um painel de mulheres em cargos de liderança e outro com profissionais do setor para falar sobre as próximas tendências.

Esse foi um marco muito importante para o movimento, porque nos trouxe maturidade. E, por proporcionar essa consciência para o setor, comecei a ser convidada para outros eventos, sempre levando esse olhar de diversidade para os espaços que ainda não têm essa característica. Além disso, novos projetos surgiram dentro do grupo, como foi o caso do Amazonita Clube.

A idealização desse núcleo foi feita por Renata Botelho, Lia Meger, pela sócia-fundadora da Nacur Advogados e membro do Ibradim Diana Nacur e por mim. O nome foi inspirado na pedra amazonita, por sua simbologia e suas propriedades. Conhecida também como "pedra do Amazonas", a amazonita é uma das pedras mais sagradas para os índios, pois representa um equilíbrio entre a energia masculina e a feminina e é um cristal curativo muito poderoso. Ela é formada de silício e oxigênio, o que origina sua cor verde, e tem em sua composição uma certa quantidade de cobre. Faz parte do grupo dos silicatos, que é um dos maiores grupos de minerais e gemas do planeta. A energia da amazonita está inteiramente ligada à cura, à renovação e à alegria. É uma excelente pedra para pessoas com excesso de responsabilidade, pois age de forma a devolver o equilíbrio.

Durante todo o processo de elaboração do projeto, como é normal, algumas pessoas acabaram se destacando e passaram a assumir papéis dentro do próprio grupo. Em agosto de 2020, uma das integrantes do **MULHERES DO IMOBILIÁRIO**, Giovanna Carnio, pediu para estar mais envolvida no grupo, e abrir espaços para quem quer ser mais participativo é algo que sempre faço. Ela abraçou a ideia de montar um clube com mulheres em cargos de liderança e hoje cuida dessa comunidade comigo.

O clube está superativo, com reuniões mensais e mais de vinte participantes mulheres em posição de liderança: diretoras, CEOs, fundadoras e sócias. Virou realmente um clube de referências de mulheres no setor. Já recebemos vários pedidos de participação e praticamente nem precisamos mais enviar convites.

Outra ponte interessante que surgiu por conta do movimento foi quando Denis Levati, da Imobi, me disse que eu precisava conhecer Raquel Trevisan, do Rio Grande do Sul. Ela estava fazendo uma pesquisa sobre as mulheres que trabalhavam no mercado imobiliário. Apesar de estar no meu circuito, ainda não havíamos nos conectado. Raquel faz um trabalho brilhante no YouTube, ensinando pessoas sobre os termos do mercado imobiliário. Ela compartilhou comigo uma pesquisa que estava divulgando para traçar o perfil das mulheres que atuavam no segmento imobiliário, algo inédito no país! Foi quando sugeri que buscássemos uma parceria com a DataStore, renomada empresa de dados liderada por Marcus Araujo, para chegar a mais pessoas e mais mulheres, ampliando assim a nossa base de dados. Foi dessa forma que, orientadas por Alice Oleto, realizamos a pesquisa "O lado feminino do mercado imobiliário", que contou com 803 mulheres do setor e levantou outros dados inesperados, como a questão do assédio e o alto índice apontado pela base, o que impulsionou a criação e a divulgação da cartilha sobre a qual já contei aqui.

QUAL É O OBJETIVO

Desde o nascimento, o **MULHERES DO IMOBILIÁRIO** está fundamentado em três pilares: *networking*, apoio e capacitação.

Dizem por aí que as mulheres não sabem fazer *networking*. Isso é comum dentro do universo corporativo, pois o *networking* está ligado ao *happy hour* e a momentos de interação pós-expediente, quando geralmente as mulheres precisam estar em casa para cuidar das crianças e do jantar do marido. O grupo foi criado justamente para quebrarmos esse paradigma e viés inconsciente. Nossos encontros são abertos ao público geral e promovem o *networking* por meio de palestras, debates, rodas de conversas e negócios.

A ideia do **APOIO** é que possamos realmente nos amparar por sermos o primeiro grupo que propõe a equidade de gênero em toda a cadeia do setor imobiliário. Sabemos quão importante é mostrar quem são e onde estão os exemplos de liderança feminina em nosso setor. Nosso papel é identificar e aproximar os exemplos de liderança, para que mais mulheres saibam que, sim, é possível.

E **CAPACITAÇÃO** porque promovemos encontros virtuais, almoços, palestras e o debate constante sobre inovações, tendências e temas relacionados ao setor, para que mais mulheres estejam preparadas para o exercício da liderança.

O QUE O MOVIMENTO FAZ HOJE

Além de promover o *networking*, o apoio e a capacitação com os eventos que mencionei aqui, as duas principais frentes do movimento **MULHERES DO IMOBILIÁRIO** são o Amazonita Clube e o projeto Capacita.

A ideia do Amazonita Clube é criar um núcleo de mulheres que se posicionam para o mercado imobiliário, como um *think tank*. Como os grandes porta-vozes do mercado ainda são homens, nós criamos uma voz feminina que dialogue com sindicatos, conselhos e assessores de imprensa para estimular a evolução do mercado e, simultaneamente, a presença e a visibilidade femininas crescentes na liderança do setor, a partir de uma agenda de trabalho consistente, de médio e longo prazo. Além disso, o Amazonita Clube também oferece mentoria para mulheres do programa Capacita.

O Capacita é um projeto de impacto social, idealizado por mim em parceria com a GVI, uma plataforma para compra e venda de ativos imobiliários, a partir da necessidade de contribuir para a recolocação de mulheres no mercado de trabalho e sua independência financeira. Oferecemos mais de 10 horas de mentoria complementar para mulheres que atuam no setor, além de bolsas de estudo e 50% das vagas reservadas para mulheres pretas e pardas. A ideia é que a corretagem seja uma porta de entrada para o mercado, que é um veículo importante para a empregabilidade e representa uma atuação ainda muito necessária para milhares de pessoas no Brasil e no mundo.

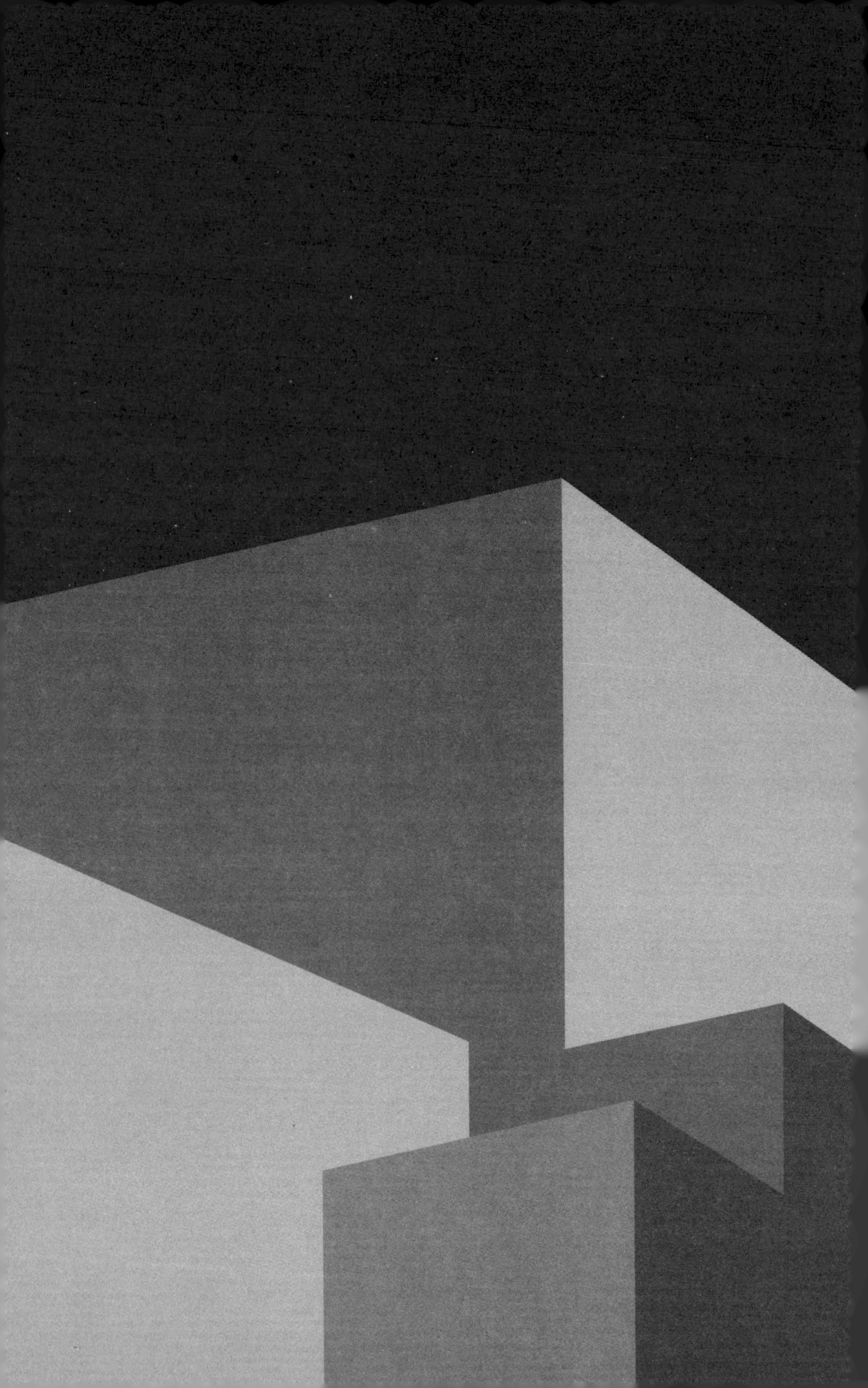

PARTE SEIS

PROTAGONISTAS

No final de 2017, ano em que empreendi e transformei a minha visão em relação ao mercado imobiliário, me filiei ao grupo Mulheres do Brasil, o maior do país, liderado por Luiza Helena Trajano, que hoje mobiliza dezenas de milhares de mulheres. Em agosto de 2018, eu estava encarregada do pilar de eventos pelo Comitê de Comunicação e fui destacada para recepcionar os candidatos do primeiro debate dos presidenciáveis à eleição daquele ano.

Ali no camarim vazio, antes de os políticos chegarem, algo improvável aconteceu: me vi sozinha com Chieko Aoki, uma das maiores empresárias do ramo hoteleiro e CEO do grupo Blue Tree, e Sônia Hess, ex-CEO da Dudalina. Enquanto ambas conversavam sobre assuntos triviais, eu as observava e me sentia privilegiada por estar ali, presenciando um momento tão humano, amistoso e feminino entre duas das mulheres mais poderosas do Brasil.

O que ambas nem imaginam é que foi uma pergunta que me fizeram naquele dia que mudou meu destino, me fez "pivotar" ali a minha carreira e tomar algumas decisões importantes no âmbito profissional. Quando Chieko e Sônia se deram conta da minha presença no local, quiseram saber quem eu era e indagaram: "O que você faz?".

Naquele momento, eu poderia simplesmente responder que, além da posição e da responsabilidade adquirida pelo grupo Mulheres do Brasil, era esposa do Marc, mãe da Cora e do Josh, síndica do meu prédio, ou ainda que trabalhava com meu marido na Tawil Comunicação e era responsável pelos eventos da sua marca pessoal, além de ter uma forte atuação no terceiro setor. Mas o que passou pela minha cabeça naquela fração de segundo foi o fato de que, após quinze anos atuando no mercado imobiliário como desenvolvedora de negócios, aquilo não me representava mais.

Senti angústia e um imenso vazio interior. Na ânsia por responder algo que pudesse mostrar a elas todo o meu potencial e que expressasse quem eu realmente era naquele instante, inspirei profundamente e respondi com segurança: "Eu faço podcasts com foco no público feminino". Satisfeita, expirei e sorri.

Chieko levantou uma das sobrancelhas levemente, como quem não sabe muito bem o que comentar sobre a resposta que recebeu (o que foi suficiente para mim, naquele momento). As duas, então, voltaram para o diálogo.

Passei aquela noite na internet, questionando o Google sobre tudo que precisava para começar de fato um podcast: desde o programa ideal para editar áudio até onde baixar músicas com permissão de uso e hospedar as edições; qual o melhor formato para uma capa, dicas de *upload* e outras curiosidades que possibilitassem agendar as gravações.

Amy Cuddy, psicóloga e professora da Universidade de Harvard, autora do livro *O poder da presença* e de uma das palestras TED mais assistidas no mundo (*Sua linguagem corporal molda quem você é*), diz algo que me motiva: "Não finja até conseguir, finja até se tornar. Faça o bastante até se tornar aquilo, até interiorizar".

Em agosto de 2021, completei três anos produzindo o podcast Vieses Femininos. Nesse espaço inclusivo e inspirador, trago jornadas pessoais para despertar nossa coragem, empatia e sororidade, com histórias de mulheres que vivem na pele todos os pontos que retratei ao longo do livro. Acredito muito que, sem inspirações, perdemos a força para seguir em frente e não alcançamos a força feminina da continuidade; além disso, quando nos vemos na história do outro, encontramos coragem para seguir em frente ao entendermos que, sim, é possível.

Em mais de 140 episódios, tive a oportunidade de entrevistar mulheres que representam lideranças inspiradoras em muitos setores, como: a presidente da SAP América Latina e Caribe, Cristina Palmaka; a presidente da rede Sorridents, doutora Carla Sarni; a CEO do grupo Ademicon, Tatiana Reichmann; a presidente da P&G Brasil, Juliana Azevedo; a diretora da Intel Brasil, Giselle Ruiz; a cartunista Laerte; a jornalista Alexandra Loras; a empreendedora, colunista no Universa UOL e apresentadora na TV Cultura, Cris Guterres; as jornalistas Cassia Godoy e Mariana Godoy; a presidente do Instituto Liberta, Luciana Temer; entre muitas outras que representam uma força feminina de extrema relevância, inspiram muitas pessoas e que tanto contribuíram para a construção desse projeto de tamanha representatividade e repercussão.

A seguir, trago algumas das histórias que mais me inspiraram ao longo desses anos, como exemplos de lideranças femininas no setor imobiliário. Você pode ouvir as entrevistas na íntegra no Spotify ou no YouTube utilizando os QrCodes que constam nas citações de cada uma das entrevistas.

"NETWORKING E EQUILÍBRIO"

HAAILLIH BITTAR é advogada de formação e atualmente *managing director* da Tishman Speyer. Ela conta que começou a carreira como advogada em um escritório de advocacia e trabalhou lá por aproximadamente quatro anos. Um dos clientes era justamente a empresa Tishman Speyer. Quando ela saiu do escritório para ir para outra empresa, a equipe da Tishman entrou em contato com ela, pois estava em fase de crescimento no Brasil e precisava de um advogado interno. Por conta da boa experiência que tiveram juntos, foi convidada a integrar a equipe, que àquela altura contava com mais ou menos trinta pessoas. A ideia inicial era que ela trabalhasse na parte societária, mas, aos poucos, Haaillih foi sendo chamada para tratar das aquisições imobiliárias. Conforme a demanda foi aumentando, sentiu a necessidade de se aprofundar no assunto e buscar uma especialização.

Ela conta que a verdadeira paixão pelo mercado imobiliário surgiu quando viu, pela primeira vez, um prédio construído exatamente como o *rendering* do projeto (uma montagem em 3D). Ela não era capaz de dizer qual era a foto verdadeira e qual era o desenho, e isso a encantou completamente. Treze anos depois, foi convidada para tocar a nova operação da empresa no Rio de Janeiro, já que estava familiarizada com todos os processos desde o início.

Durante esse período, conheceu o marido e teve dois filhos. Na época em que engravidou do primeiro filho, era gerente, e a empresa contratou um diretor jurídico para suprir as expectativas que tinha na época de chegar ao cargo de direção. Apesar disso, ela aproveitou o momento para mergulhar de cabeça na licença-maternidade e hoje diz que foi a melhor coisa que poderia ter feito. Quando retornou, percebeu que realmente ainda não estava pronta para assumir o cargo de diretora e aprendeu o máximo que pôde com o diretor que estava lá. Pouco tempo depois, quando ele recebeu outra oportunidade, aconselhou a Tishman Speyer a promover Haaillih em vez de contratar alguém de fora.

Outra experiência interessante que ela compartilhou comigo foi a participação em um grupo chamado Jurídicos de Saias. A ideia – muito parecida com a do **MULHERES DO IMOBILIÁRIO** – era aumentar o *networking* entre as mulheres do setor jurídico. O grupo hoje já conta com quase duas mil profissionais no Brasil inteiro e está ativo há mais de dez anos, sempre promovendo apoio entre as participantes não só profissionalmente, como pessoalmente também.

A trajetória profissional e pessoal de Haaillih é uma inspiração para todas nós, pois é uma lição sobre investir e crescer na carreira sem abrir mão da vida pessoal, do convívio com os filhos, da prática dos seus *hobbies* e do autocuidado. Uma das coisas que gosto de extrair da história dela é que temos exemplos claros de apoio e *networking* que são pilares fundamentais do **MULHERES DO IMOBILIÁRIO**.

"A LIDERANÇA FEMININA VENCE PELO EXEMPLO"

FERNANDA ROSALEM está no mercado há mais de quinze anos e é um ótimo exemplo de liderança feminina no setor de *real estate*, pois trabalha no Pátria Investimentos, uma das maiores gestoras de ativos alternativos do Brasil, como diretora da área imobiliária, ligada sobretudo à gestão de fundos imobiliários.

Quando perguntei a ela o que faltava para que as mulheres se interessassem mais por assumir cargos de liderança no setor, Fernanda trouxe um ponto de vista interessante (além de dizer o que já sabemos): o setor ainda é composto por mais homens que mulheres, porque o mercado de construção sempre foi mais relacionado à figura masculina. Ela acredita que o problema está também na pequena quantidade de mulheres investidoras. Ela conta que recebe dúvidas e demandas diferentes todos os dias de possíveis investidores, mas que, até hoje, nunca recebeu o contato de mulheres para falar sobre isso.

Fernanda acredita que muitas mulheres ainda encaram os investimentos como um tabu e, em vez de buscarem se informar sobre o assunto para investirem sozinhas – e de forma independente –, preferem sempre consultar um amigo ou o gerente do banco, por exemplo. Ela acredita que, com tantas informações disponíveis hoje na internet, qualquer mulher é perfeitamente capaz de pesquisar por conta própria e entender como funcionam os investimentos em fundos imobiliários, e que, consequentemente, esse cenário pode ser modificado.

Quando falamos sobre construção de carreira, Fernanda diz que o mais importante é gostar do que se faz e se interessar pela própria área em que atua. É preciso ir atrás das coisas que tragam satisfação. Todos buscam o sucesso e ele vem com muito trabalho, mas, se não houver propósito onde estamos colocando toda a nossa energia, será muito mais difícil alcançar o que queremos.

Ao tratar do tema *degrau quebrado* e da dificuldade que as mulheres enfrentam para sair do cargo de gerência e ir para o de direção – seja por questões pessoais de assumir riscos, seja pelo próprio preconceito do setor –, ela compartilhou um pouco a história de como superou esse momento e destacou a relevância de buscar apoio em diferentes núcleos.

O apoio da família é importante porque, quando se assumem novas responsabilidades e desafios, sempre será preciso dedicar mais tempo àquela atividade e momento. No campo profissional, é essencial ter pessoas em quem se inspirar, porém mais fundamental ainda é ter aquelas com quem se possa contar para lidar com dificuldades e crises.

Ela acredita que a liderança vem pelo exemplo. Se uma pessoa chegou àquela posição, qualquer outra também pode chegar. "O momento de crescimento sempre vem quando você sai da sua zona de conforto."

Fernanda também falou sobre a importância das ações afirmativas para que a equidade de gêneros seja alcançada dentro das empresas. Quando o Pátria Investimentos percebeu que tinha mais homens que mulheres no quadro de funcionários, fez uma análise interna e concluiu que poderia corrigir a situação na base: os programas de estágio. Os candidatos que aplicavam para as vagas eram na maioria das vezes homens, então fizeram uma pesquisa para entender por que poucas mulheres se interessavam pela empresa. Aos poucos, vieses inconscientes foram sendo desmistificados e o percentual de mulheres na empresa tem aumentado gradativamente.

Fernanda reforça a importância de lideranças conscientes, ações afirmativas e grupos de apoio (movimentos e comitês, por exemplo) para o avanço das mulheres no setor.

"CONSTRUA COM AMOR TUDO O QUE VOCÊ FIZER"

ROBERTA BIGUCCI é advogada, arquiteta e urbanista, pós-graduada em administração financeira, diretora da MBigucci há mais de 30 anos e mãe de quatro filhos. Fundadora dos programas Big Riso, Big Vizinhança, Big Conhecimento e Big Vida, Roberta tem uma forma de liderança que admiro muito.

Sendo a única diretora mulher em uma empresa familiar de cinco diretores, Roberta conta que sempre precisou lutar mais que os irmãos para convencer o pai de algumas ideias. Ainda assim, conseguiu criar projetos extremamente humanos e – como gosto de dizer – "para além dos tijolos".

A ideia do projeto Big Vizinhança surgiu enquanto ela estava em uma reunião no Secovi (sindicato do mercado imobiliário). O presidente do sindicato na época queria fazer alguma ação com os vizinhos das construções, que sempre reclamam dos inconvenientes que as obras costumam causar. Apesar de o projeto não ter seguido adiante dentro do sindicato por falta de patrocínio, Roberta levou a ideia para a própria empresa: "Vamos fazer os vizinhos sentirem falta da obra". O projeto consiste em trazer benefícios sociais para o entorno das obras, seja por meio de coleta seletiva para todos os vizinhos, seja com oficinas de temas variados, por exemplo, como criar sua própria horta com garrafas pet, seja até com a oferta gratuita de wi-fi em um raio de 1 km.

Além do projeto Big Vizinhança, Roberta criou o projeto Big Riso depois de assistir ao filme *Patch Adams* e perguntar aos funcionários quem gostaria de se vestir de palhaço para visitar crianças com câncer. A iniciativa, em 2021, completou 16 anos. Roberta brinca: "Quando eu tenho uma ideia e alguém me pergunta se eu estou louca, é exatamente por esse caminho que eu quero ir, porque isso quer dizer que ninguém tentou ainda".

O projeto Big Vida contempla a sustentabilidade e a preocupação com o meio ambiente. A construtora está sempre atenta para não deixar resíduos nem consumir água e energia em excesso, por exemplo. Já o projeto Big Conhecimento permite que alunos de graduação em áreas variadas possam agendar uma visita às obras para compreender o funcionamento no dia a dia, não importa se a curiosidade está na obra ou na contabilidade.

> **O verdadeiro líder é aquele que permite o erro e abraça a responsabilidade para achar uma solução. Admitir erros é necessário, porque seres humanos erram. O importante é a agilidade na hora da correção e o aprendizado que tiramos dele.**

Roberta tem um diferencial importante nos dias de hoje: uma visão generalista que engloba várias frentes. No livro *Por que os generalistas vencem em um mundo de especialistas*, David Epstein explica que os generalistas são pessoas capazes de encontrar saídas para problemas, aparentemente insolúveis, por meio da conexão entre áreas e ideias que, a princípio, parecem incompatíveis. É exatamente isso que Roberta consegue fazer.

Por exemplo, por mais que o Big Riso não pareça ser um projeto que deveria vir de uma construtora, quando temos a visão global de todos os outros projetos de Roberta, fica clara a preocupação que ela tem com o impacto social. É um trabalho muito bonito, que colabora com uma cadeia enorme e tem toda a essência feminina do cuidado.

Acredito que muito disso esteja atrelado à maternidade, que dá a ela a motivação para exercer uma atuação além das paredes da empresa e dos limites da obra. Roberta conta que desde adolescente sempre soube que queria ter quatro filhos, e essa dinâmica nunca foi um problema para sua agenda atarefada.

Por trabalhar em uma empresa familiar, ela sempre levou as crianças ao escritório e a todo momento teve uma rede de apoio para cuidar deles durante o dia. Ela chegou a levar o filho de apenas doze dias para o trabalho e montou uma sala preparada com berço para que pudesse amamentar. Em outra ocasião, levou a filha para a faculdade para amamentá-la enquanto fazia uma prova. Para ela, o principal é estar com os filhos, por isso, por mais difícil que seja, sempre prefere remanejar seus horários para estar presente e nunca faltou a uma reunião escolar.

Quando o assunto é a tomada de decisões, Roberta é a favor de simplificar e ser prática, justamente porque nós mulheres sempre temos muitas atividades acumuladas. Com isso, ficou conhecida na empresa por ser uma pessoa que acolhe novas ideias e as coloca em prática. Ela não encara isso como alguma forma de caridade, pelo contrário: acredita que as pessoas merecem o mérito pelas ideias boas que tiveram e que podem contar com uma diretora para assumir o risco e parte da responsabilidade caso a ideia não dê certo.

Esse é um exemplo clássico de uma liderança feminina e humanizada. O verdadeiro líder é aquele que permite o erro e abraça a responsabilidade para achar uma solução. Admitir erros é necessário, porque seres humanos erram. O importante é a agilidade na hora da correção e o aprendizado que tiramos dele.

"A MULHER HOJE É A GRANDE DECISORA DO MERCADO IMOBILIÁRIO"

MARIANA FERRONATO foi diretora de marketing do grupo Zap, um dos maiores do mercado imobiliário. Profissional com mais de quinze anos de experiência em execução, elaboração e gestão de estratégias de marketing, ela também é a idealizadora, curadora e responsável pela estratégia do Conecta Imobi, maior evento imobiliário da América Latina.

Quando perguntei a ela o que faltava para que mais mulheres se interessassem ou assumissem seus papéis no setor, ela disse que a grande questão não está em ter mais mulheres no mercado, mas sim em ter mais mulheres em cargos de liderança.

Ela classifica o mercado imobiliário ainda como muito tradicional e dominado por homens quando o assunto é liderança, mas acredita que o apoio deles será imprescindível para a reversão desse cenário. Mariana diz que precisamos de líderes e donos de empresa com a visão aberta para o apoio das mulheres e dispostos a criar oportunidades de liderança feminina durante esse período de transição.

Um segundo ponto importante para a mudança dessa esfera é o questionamento contínuo pelas mulheres do *status quo* das empresas em que estão. Por que continuar em uma empresa na qual ela não vislumbra oportunidades de crescimento profissional? Para Mariana, fazer esse tipo de reflexão é necessário para nos colocarmos como protagonistas nas tomadas de decisão.

Mariana quebrou as barreiras do *degrau quebrado* quando saiu de seu cargo de gerência para um de direção, mas, ainda que esse processo tenha acontecido de forma natural, ela sabe que teve sorte ao encontrar líderes dispostos a criar essa oportunidade e não levantar barreiras contra ela durante a própria trajetória.

Hoje, o grupo Zap possui os maiores portais de busca por imóveis – o Zap Imóveis e o Viva Real. Mariana conta que o tempo de experiência dos usuários para encontrar o que procuram é de, em média, quinze meses até a tomada de decisão e que a experiência e o relacionamento com o consumidor durante esse período precisam de um olhar atento.

A experiência precisa motivar a mulher a assumir a posição de decisora da compra, já que, de acordo com as últimas pesquisas do grupo, os dados apontam um aumento de mulheres nessa função. Mariana conta que, até pouco tempo atrás, a mulher era vista como a principal influenciadora, pois era ela quem buscava o imóvel, mas era o homem que dava a palavra final, uma vez que assinava o cheque.

Ainda que o poder de compra não esteja equilibrado entre os gêneros, as análises demonstram que esse cenário já está se revertendo e que a mulher hoje, além de buscar pelo imóvel, também está tomando a decisão final e pagando por isso.

Se além de compradora a mulher é, sem dúvida, a grande influenciadora de compra, isso quer dizer que o mercado precisa girar ao redor dela e começar a rever pontos essenciais, como publicidade e atendimento, que ainda não são voltados para ela. Mariana revela que boa parte dos corretores ainda é composta por homens, muitas vezes despreparados para compreender o que a mulher busca.

Para concluir, Mariana acredita que o *feeling* e a intuição são essenciais quando nos tornamos líderes e que, quando nós mulheres chegarmos a essa posição, precisamos estar atentas para valorizar as nossas forças femininas e não deixar as energias inconscientes masculinas tomarem conta de nossas decisões.

"INVESTIMENTO FEMININO TEM A VER COM PROPÓSITO"

ARTHUR VIEIRA DE MORAES é professor de finanças, consultor e apresentador do programa Fundos Imobiliários, assunto que se dedica a falar e ensinar há mais de uma década. Atualmente, tem um canal no YouTube com mais de 84 mil inscritos, acumulando milhares de visualizações em cada publicação.

Com uma audiência predominantemente masculina, quando pergunto a Arthur o que acha que falta para as mulheres se interessarem pelo assunto, ele diz não saber a resposta e fica em dúvida se é ele quem não sabe a melhor linguagem para despertar o interesse do público feminino ou se o público feminino realmente não se interessa por finanças. No entanto, ele conta que, durante os vinte anos em que atuou no mercado financeiro, já atendeu muitos investidores (pessoas físicas) e que, quando as mulheres se interessam pelo assunto, costumam ser melhores que os homens por serem mais determinadas e buscarem entender todo o processo para aprender a investir melhor.

Ele acredita que faz parte da natureza feminina ser conservadora e poupadora, mas que a maioria das mulheres ainda deve fazer uso das cadernetas de poupança, pois não vê as investidoras chegando aos produtos do mercado financeiro, talvez por uma crença equivocada de que são investimentos muito arrojados. Esse *mindset* precisa ser modificado, já que existem alternativas de investimentos mais conservadoras para quem ainda não se sente confortável em assumir grandes riscos. Para Arthur, se vencermos a dificuldade de despertar o interesse das mulheres por investimentos, teremos um grande avanço na independência financeira feminina. Além de estudar e conhecer, ele reforça que é necessário agir sobre isso para que de fato exista uma mudança.

Arthur relembra que comprar um imóvel também é um investimento. Ainda que o objetivo seja residencial, todos que fazem esse tipo de compra torcem para que o bem valorize – um viés de investimento. Para ele, a mulher, sendo a grande influenciadora nesse tipo de compra, é mais inteligente na hora de investir porque pensa menos na especulação e mais no planejamento. Para Arthur, é ela quem planeja, executa e chega aonde quer. Ponto.

Enquanto os homens buscam investimentos para simplesmente aumentar e multiplicar seus ativos, as mulheres têm *propósitos*, o que, de acordo com ele, é algo que sempre esteve presente no comportamento feminino na hora de investir. Além disso, Arthur acredita que isso explica também por que a mulher é a grande influenciadora na jornada de compra de um imóvel. Trata-se de uma decisão que, mesmo para um leigo no assunto, é extremamente importante, pois envolve um dinheiro alto e muito empenho, portanto não pode ser feita por impulso e de forma precipitada. Quando o assunto é investimento, as mulheres não são impulsivas, elas se planejam.

Quando pergunto a ele o que acha do termo "feminismo financeiro" – o movimento de as mulheres quererem a liberdade de tomar decisões pelo próprio dinheiro –, Arthur diz que acredita que elas já alcançaram a independência financeira, no sentido de que muitas se capacitaram para ganhar melhor, se sobressair e conquistar uma promoção ou abrir o próprio negócio, por exemplo. Para ele, o que falta agora é justamente aprender a investir e entender que o conceito de independência financeira é ter o seu dinheiro trabalhando por você, até que chegue o momento em que as suas aplicações financeiras gerem retornos que paguem as suas contas ou, pelo menos, boa parte delas. Ele brinca: "O que é a aposentadoria senão isso?".

Arthur deixa uma frase importante para quem quer começar a investir: "A gente não investe o dinheiro que sobra depois que gasta, a gente gasta o dinheiro que sobra depois que investe".

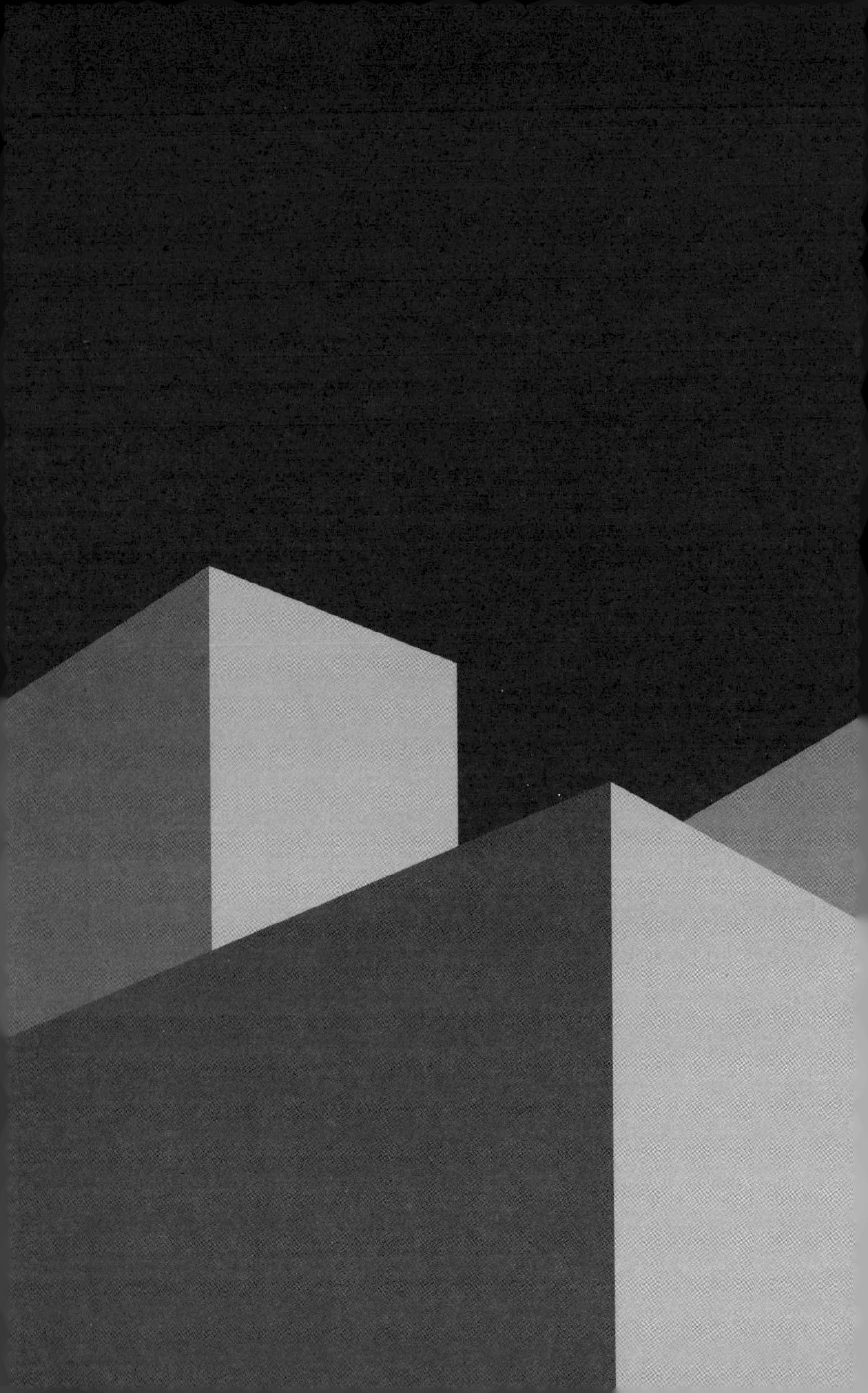

PARTE SETE

AS PROPRIETÁRIAS

Quando falamos de uma forma de liderança para você chegar ao futuro que deseja, é preciso entender que essa construção deve ser feita no presente. É necessário começar a trabalhar nas mudanças ainda hoje.

Como em um navio, quando você muda o leme, a curva pode até demorar para acontecer, mas, se o primeiro comando não for feito, nada acontecerá. A ascensão da liderança feminina também é uma transformação robusta, que não acontecerá de um dia para o outro, por isso a primeira ação é a mais importante. Ao ler este livro e refletir sobre o tema e suas atitudes, você já começou.

Neste capítulo, vou te mostrar, de uma forma prática, sete passos para que você e sua empresa possam começar agora a promover as mudanças necessárias dentro do mercado imobiliário.

PRIMEIRO PASSO: DIAGNÓSTICO

O primeiro passo é trazer para a consciência qual é o problema que estamos enfrentando, o contexto em que ele está inserido e quais as causas para que essa atitude continue se repetindo. É justamente isso que construímos até aqui.

Quando reconhecemos que o mercado está atrasado em relação à equidade de gênero e à pauta mais ampla de diversidade e inclusão, podemos passar a trabalhar em atitudes e ações para mudar esse cenário.

Para que este passo seja dado, é preciso enxergar de fato ao seu redor. Se você tem uma empresa, perceba como está composto o seu quadro de colaboradores e se há diversidade de gênero em todos os níveis, ou seja, como você tem lidado com o degrau quebrado e o telhado de vidro.

Caso você não tenha uma empresa, comece a partir dos seus ciclos de relacionamento e dos seus *feeds* nas redes sociais. Por exemplo, quantas mulheres do imobiliário você segue nas redes sociais hoje? Fiz essa pergunta no meu Instagram (@elisatawil) e – veja só que interessante – recebi mais de cem comentários marcando e indicando outras mulheres do setor. Todos feitos por mulheres.

O diagnóstico também é essencial para que os homens possam se perceber como embaixadores dessa ascensão e resolvam, de forma consciente, ser agentes de transformação, apoiando e agindo para que esse equilíbrio possa acontecer em conjunto. Um post como esse pode muito bem exemplificar quanto é difícil rompermos as nossas "bolhas" de relacionamento e as fontes de conteúdos e interações. Por meio do diagnóstico é possível que você faça esse exercício e dê o seu primeiro passo.

SEGUNDO PASSO: MUDANÇA DE CULTURA

Desde que comecei a me envolver com o tema, me sinto incomodada toda vez que vejo uma matéria ou alguém defendendo o aumento das lideranças femininas e a conquista pela equidade com foco apenas na lucratividade das empresas. Precisamos enxergar as mulheres para além do dinheiro.

Em uma conversa, quando manifestei meu incômodo para a escritora Nilima Bhat, ela não só entendeu, como escreveu comigo um artigo a quatro mãos sobre isso, destacando o real motivo, a nosso ver, para as empresas existirem, que vai muito além do conhecido "gerar lucro aos acionistas".

Sendo assim, trago aqui oito razões para colocar em prática a liderança feminina, não só para sua empresa e seu setor, mas também para uma sociedade mais justa e equilibrada:

APOIO: Mais mulheres assumindo cargos de liderança traduzem um ambiente mais equilibrado, evitando a sensação de ser "a única", que ainda é uma experiência comum para muitas profissionais. Uma em cada cinco mulheres diz que, por várias vezes, se sentiu só no ambiente de trabalho: em outras palavras, estava isolada. Isso é duas vezes mais comum para mulheres em nível sênior e em funções técnicas: estamos falando de aproximadamente 40%[1]. Além disso, quando o assunto é assédio, se não houver representatividade, as mulheres não encontram um lugar seguro para que possam denunciar situações constrangedoras.

IDENTIDADE: Assim como no exemplo citado acima, as marcas e as empresas precisam se identificar *com* e *pelo* público feminino. Um exemplo do imobiliário é traduzir os dados em atitudes que sejam voltadas à grandes influenciadoras.

INSPIRAÇÃO: A famosa capa da INC. *Magazine* com a CEO da The Wing, Audrey Gelman, ostentando a gravidez, bem como sua frase "Você não pode ser o que não pode ver", mostra que precisamos de lideranças que inspirem e motivem mais mulheres a crer que, sim, é possível. Quando você está em um mercado que não te inspira, ele por si só é etéreo, não perpétuo. Ele se enterra. A inspiração é necessária para termos a ideia de continuidade.

---

1. Sarah Coury, Jess Huang, Ankur Kumar, Sara Prince, Alexis Krivkovich e Lareina Yee, Women in the Workplace 2020. *Mckinsey,* 30 set. 2020. Fonte: https://www.mckinsey.com/featured-insights/diversity-and-inclusion/women-in-the-workplace. Acessado em 28 ago. 2021.

ZEITGEIST: O termo alemão significa "espírito do tempo". Um ótimo exemplo disso é o que aconteceu em outubro de 2019, quando Melinda Gates anunciou uma doação de 1 bilhão de dólares em prol da igualdade de gênero, depois da viralização do movimento #MeToo, que surgiu quando a atriz Alyssa Milano publicou no seu Twitter um pedido para que todas as pessoas que já tivessem sofrido assédio sexual usassem a hashtag. Ou seja, é preciso aproveitar o momento, que não deve durar por muito tempo.

PERTENCIMENTO: De acordo com o recente estudo publicado pela Accenture, o *Getting to Equal 2019: Criando uma cultura que impulsiona a inovação*[2], "a cultura da igualdade impulsiona a inovação, e um ambiente fortalecedor, com um alto senso de pertencimento e aprendizado, é um ingrediente essencial". É preciso ter representatividade para gerar pertencimento.

EQUILÍBRIO: É necessário trazer e promover o equilíbrio e o crescimento inclusivo para o nosso espaço de trabalho, preparando as mulheres para lidar com os papéis e as responsabilidades que elas merecem, querem e precisam.

---

2. News Room, Cultura de igualdade impulsiona inovação no ambiente de trabalho, revela estudo "Getting to Equal 2019". *Accenture*, 9 mai. 2019. Fonte: https://www.accenture.com/br-pt/company-news-release-getting-equal. Acessado em: 28 ago. 2021.

JUSTIÇA: Em dezembro de 2018, o Fórum Econômico Mundial apontou que o mundo levaria dois séculos para alcançar a paridade salarial. Atualmente, o Brasil ocupa o 132º lugar no item equidade salarial para trabalho similar, no ranking com 149 nações[3]. Homens e mulheres ganhando o mesmo valor para exercer a mesma função é uma questão de justiça social.

TEMPO: Se continuarmos no ritmo em que estamos, as mulheres vão ganhar o mesmo que os homens apenas em 2085, ocupar 51% dos cargos de diretoria executiva (percentual que as mulheres representam na população brasileira) em 2126 e 51% dos cargos de alta gestão somente no ano de 2213[4].

TERCEIRO PASSO: AÇÃO E ATITUDE

Uma frase que eu costumo usar bastante é: "A liderança não acontece no futuro, ela é praticada no presente".

Isso significa que vivemos em uma cultura de acreditar que algumas coisas se resolverão sozinhas ou sem muito esforço da nossa parte, o que não é verdade. O que existe são atitudes que

---

3. Global Gender Gap Report 2021. *World Economic Forum*, mar. 2021. Fonte: http://www3.weforum.org/docs/WEF_GGGR_2021.pdf. Acessado em: 28 ago. 2021.
4. Elisa Tawil, 8 razões pela equidade, muito além do "aumento de lucro aos acionistas". *LinkedIn*, 4 out. 2019. Fonte: https://www.linkedin.com/pulse/8-raz%C3%B5es-pela-equidade-muito-al%C3%A9m-do-aumento-de-lucro-elisa--tawil/. Acessado em: 23 maio 2021.

você toma para mudar uma realidade que te incomoda. Para que a mudança de todo um setor ocorra de fato é preciso agir.

Agora que o diagnóstico está feito e que você já compreendeu como pode exercer uma mudança de cultura, transforme conhecimento em ação e trace para si metas tangíveis de curto, médio e longo prazo. Busque primeiro identificar qual é o seu objetivo principal e defina as prioridades necessárias para chegar a ele. Por exemplo, imagine que seu objetivo é, nos próximos cinco anos, alcançar a equidade de gênero em sua empresa. Que atitudes você pode começar a tomar agora para que esse objetivo seja verdadeiramente alcançado?

Como dito anteriormente, um terço ou 30% é o mínimo necessário para que um grupo possa exercer representatividade no ambiente que ocupa. Se trouxermos esse dado para a representatividade racial, é importante levar em consideração a projeção e o espelhamento dessa parcela dentro da região em que se atua. Por exemplo, 56% da população brasileira é composta por pessoas pretas e pardas, mas, se buscarmos os dados específicos de cada região do país, esse percentual será diferente. É preciso saber interpretar os dados de uma maneira regionalizada e traçar as metas de uma forma realista e realizável.

Lembre-se de que toda maratona começa com um primeiro passo. Como você pode aplicar no seu dia a dia, no seu local de trabalho ou em sua empresa as lições fundamentais que aprendeu até aqui?

QUARTO PASSO: ESG

A sigla ESG, em inglês, faz referência aos termos *environmental, social* e *governance*. Em português, estamos falando de orientações para ter um negócio sólido e com responsabilidade pelo futuro ao optar por seguir melhores práticas relacionadas a questões ambientais, sociais e de governança.

Ter o ESG como um guia e um estilo de liderança vai impactar a dinâmica corporativa e adicionar no dia a dia das empresas ações que vão muito além da lucratividade. É a atitude sendo valorizada ao lado dos cifrões.

É fundamental entender que a adoção do ESG se transformou em um critério de investimentos, e agora muitas empresas e investidores que buscam investir fazem análises para além dos índices financeiros. Eles estão preocupados com as formas de minimizar os impactos ambientais e sociais, pois idealizam um mundo mais justo e equilibrado.

Tive a oportunidade de entrevistar para a coluna Mercado por Elas[5], da revista *Exame*, Cristina Tamaso, Joana Mattos e Sofia Caccuri, que são *portfolio manager infrastructure and real estate* na Quasar Asset Management. Elas me contaram um pouco sobre como esses valores têm sido aplicados no dia a dia.

Cristina relata que, desde que entrou na empresa, já se preocupava que os fundos trazidos por ela tivessem metas em relação ao ESG. A oportunidade surgiu em um fundo de infraestrutura em 2019, e, quando ele de fato entrou para o mercado em 2020, ela percebeu a chance de levar o conceito para a casa como um todo. Ela reforça ainda a importância de prestar atenção nos próprios atos e de como eles têm consequência na vida das pessoas.

Joana relata que é um desafio aplicar os conceitos na gestão e no portfólio dos produtos, mas que o esforço vale a pena para proteger o futuro do mercado. Ela considera gratificante trabalhar em uma empresa com esse tipo de visão.

Já Sofia revela que é preciso ter muita atenção com a seleção de ativos e enfatiza: "Se você busca ter uma gestão que respeite determinados princípios, será preciso abrir mão de

---

5. Elisa Tawil, O mercado por elas: fundos geridos por mulheres rendem mais? *Exame.Invest*, 31 maio 2021. Fonte: https://exame.com/blog/genoma-imobiliario/o-mercado-por-elas-fundos-geridos-por-mulheres-rendem-mais/. Acessado em: 10 jun. 2021.

determinados créditos". Ela conta que não financiam empresas que apresentem algum tipo de governança que vá contra os princípios estabelecidos.

Outro desafio que ela enfrenta é a resistência de alguns clientes que não têm uma área de sustentabilidade ou uma área de governança, por exemplo. Para lidar com eles, Sofia conta que trabalhar na comunicação e na metodologia de aplicação é fundamental.

QUINTO PASSO: AÇÕES AFIRMATIVAS

Ações afirmativas são ações que precisamos fazer de forma consciente, através de cotas ou de atos direcionados para fazer reparações históricas. Um exemplo disso foi o projeto Capacita do **MULHERES DO IMOBILIÁRIO**, em que conseguimos noventa bolsas de estudo para que mulheres pudessem participar do curso TTI e, consequentemente, encontrar novas oportunidades de carreira e de trabalho. Destinamos as bolsas, sobretudo, para aquelas que sofreram os impactos na profissão por conta da pandemia.

Além de se tratar de um projeto dedicado apenas a mulheres, direcionamos 50% dessas bolsas de estudo para mulheres pretas e pardas, com o apoio de Nina Silva, fundadora do movimento Black Money. Nós poderíamos ter feito um projeto sem essa especificação, mas, quando falamos em ações afirmativas, estamos falando de atitudes que possibilitem novas oportunidades no setor para que haja mais diversidade. Outro exemplo de uma ação afirmativa foi o programa de *trainee* da Magazine Luiza apenas para pessoas negras. O intuito da empresa foi aumentar o número de negros e negras em cargos de liderança.

Elaborar programas e orientações para um público específico é a forma de reconhecermos que existe uma defasagem em relação àquela causa que precisa ser assistida. Isso serve para todas as pautas levantadas pela diversidade, incluindo a racial e a equidade de gêneros. E aí cabe a cada um que toma esse tipo de decisão fazer uma reflexão e considerar ter um olhar diferenciado numa próxima contratação: será que minha área responsável por recursos humanos e pessoas está preparada para ter esse tipo de perspectiva?

SEXTO PASSO: POLÍTICAS DE COTA

Apesar de parecerem um pouco semelhantes, as ações afirmativas estão relacionadas a atitudes dirigidas, enquanto a política de cotas serve como ferramenta de reparação histórica para corrigir desigualdades sociais, educacionais e sociais.

Adotamos políticas de cota ao definirmos uma porcentagem de contratações que deve incluir determinada raça ou gênero.

Luiza Helena Trajano, em entrevista ao jornal O *Estado de S.Paulo*, conta que é totalmente a favor de cotas e que esse é um processo transitório para acertar uma desigualdade: "Nós temos que ter pelo menos 30% a 40% de mulheres, que têm que defender causas não só das mulheres"[6].

O ponto principal dessa escolha é perceber que isso precisa ser feito porque nem todas as pessoas tiveram social e economicamente o mesmo ponto de partida e, como consequência, não conseguem alcançar o mesmo ponto de chegada se não equilibrarmos as circunstâncias.

Em outra entrevista, dessa vez para a BBC Brasil, Luiza fala sobre a meritocracia: "Você não ser lembrada não é meritocracia. Agora, estar lá só porque é mulher, também não. A cota faz lembrar. Ninguém fica num lugar se não tiver competência. Vamos levar 110 anos para igualar a presença masculina. As próprias mulheres (executivas) me falavam que o critério para a ascensão deveria ser meritocracia. E eu dizia: 'Então espere 110 anos'"[7].

---

6. Jussara Soares, Na reta final, Luiz Trajano faz campanha para tirar candidatas mulheres da "invisibilidade". *Estadão*, 10 nov. 2020. Fonte: https://politica.estadao.com.br/noticias/eleicoes,na-reta-final-luiza-trajano-faz-campanha-para-tirar-candidatas-mulheres-da-invisibilidade,70003509266. Acessado em: 10 jun. 2021.
7. João Fellet, "Quase apanhei até das mulheres ao defender cotas em empresas", diz dona do Maganize Luiza. BBB *News Brasil*, 20 mar. 2018. Fonte: https://www.bbc.com/portuguese/brasil-43466259. Acessado em: 10 jun. 2021.

Com isso, eu me pergunto: existe meritocracia para a equidade de gênero?

Por inúmeras vezes fui e ainda sou contra-argumentada com a ideia de que ter mais mulheres em cargos de decisão seria fruto da meritocracia. Algumas vezes, ouvi de empresários(as) e pessoas supostamente esclarecidas a afirmação de que "somos todos humanos" e que esta pauta da diversidade, que engloba a equidade, deveria ser fundamentada em meritocracia.

A meritocracia é um sistema ou modelo de hierarquização e premiação baseado nos méritos pessoais de cada indivíduo. A origem etimológica da palavra "meritocracia" vem do latim *meritum*, que significa "mérito", unida ao sufixo grego *cracía*, que quer dizer "poder".

Não existe meritocracia em situação de desigualdade.

As oportunidades que se apresentam para cada um de nós são distintas, dependendo do seu ponto de partida, o que fica mais evidente quando analisamos sob a ótica da desigualdade entre classes. Para que a cultura da meritocracia possa ser, de fato, aplicada à equidade de gênero em cargos de liderança e de decisão, precisamos eliminar obstáculos sociais, econômicos e políticos que, no contexto brasileiro, ainda são preeminentes.

SÉTIMO PASSO: MUDANÇA NA DINÂMICA E NA INTERAÇÃO COM O PÚBLICO FEMININO

Já falamos sobre a necessidade de adaptarmos as ações de marketing para buscar uma maior representatividade em nossa comunicação com possíveis clientes, mas agora quero chamar a atenção para a interação com o público feminino que existe dentro do mercado.

Será que a sua empresa possui uma infraestrutura adequada para suas funcionárias? Elas estão sendo assistidas e representadas? Parece inacreditável, mas foi apenas em 2016 que o Senado providenciou banheiros femininos exclusivos para as senadoras.

Trabalhei em uma empresa que não tinha sala de lactação, nem uma geladeira onde eu pudesse guardar o leite da minha filha, a não ser a mesma geladeira em que as pessoas guardavam o almoço, e muitas vezes não havia espaço suficiente para todos. Eu não me sentia à vontade com aquela situação, porque faltava uma certa privacidade e me sentia invadida de alguma forma.

Será que pequenas coisas como essa não podem mudar na sua empresa para que as pessoas se sintam mais acolhidas no dia a dia? São políticas extremamente simples, mas que dão um resultado enorme, porque estamos incluindo. Inclusão é você se sentir parte de algo, e saber que aquele espaço também pensa em você é extremamente gratificante.

VISÃO DE FUTURO: A ENERGIA FEMININA COMO COMBUSTÍVEL

Temos indícios dessa visão de futuro que podemos observar principalmente se trouxermos o contexto pandêmico como determinante. Os países que melhor lidaram com a pandemia foram liderados por mulheres, e o grande exemplo é Jacinda Ardern, da Nova Zelândia, que, além de tudo, é um modelo admirável de liderança feminina. Não apenas pela forma como conteve a pandemia no país, mas também em outros exemplos de decisões avançadas, como a licença-paternidade de seis meses. Ela nos dá diversas lições sobre a posição da mulher nos dias de hoje e como isso se reflete nas relações de equidade com os homens.

O estilo de liderança feminina dinamarquesa, finlandesa, tailandesa, neozelandesa e alemã encontra nexo justamente em um discurso transparente e verdadeiro. A mensagem clara e direta para a população, inclusive (e especialmente) para as crianças, é um exemplo de preocupação latente com o presente e o futuro.

No caso da Dinamarca, a primeira-ministra, Mette Frederiksen, fez um discurso dirigido às crianças de todo o país no início da pandemia (abril de 2020), explicando "por que não havia problema em sentir medo".

Já no Brasil, somente a partir do ano de 2016[8] os homens tiveram o direito de abono de um dia de trabalho para levar os filhos ao médico. Antes disso, apenas as mulheres tinham esse direito.

Com isso, podemos compreender que existe toda uma estrutura de dinâmica social construída para que essa distância aconteça, e o que estamos vivendo agora – falando de um contexto mais global e não só do Brasil – é um entendimento de que essa energia feminina está sendo vista como um grande diferencial para lidar com as problemáticas do momento e do futuro.

Outro excelente exemplo é a própria vice-presidente dos Estados Unidos, Kamala Harris, sendo a primeira mulher na história do país a assumir esse posto. Meghan Markle, ao optar por sair da realeza britânica, criou todo um debate sobre uma estrutura centenária. Já Greta Thunberg, ao liderar um movimento ativista com apenas 15 anos, ganhou a atenção de todo o mundo para as causas que defende.

As mulheres estão assumindo de fato cargos e posições de liderança em uma escala global, e podemos finalmente ver essa energia feminina sendo valorizada. Com esses e outros exemplos, podemos tangibilizar isso como algo possível e trazer essas

---

8. Brasil. *Lei nº 13.257*, de 8 de março de 2016. Marco Legal da Primeira Infância (MLPI). Disponível em: http://www.planalto.gov.br/ccivil_03/_ato2015-2018/2016/lei/l13257.htm. Acessado em: 09 maio 2021.

atitudes e ações para um grau de normalidade. Quando deixarmos de ser diferentes por sermos mulheres, estaremos de fato nesse futuro ideal de equidade.

Quando falamos de Agenda 2030, de ODS (Objetivos de Desenvolvimento Sustentável) definidos pela Organização das Nações Unidas (ONU) e de certificações e instituições como Sistema B e Capitalismo Consciente – as quais vou abordar com mais detalhes adiante –, tratamos de entidades e planos que se preocupam com o meio ambiente, com o ser humano e com o planeta.

Se falamos de mercado imobiliário, falamos de espaço. Precisamos de terra para poder crescer, construir ou reconstruir, e tudo isso depende de recursos naturais que, por sua vez, dependem do ecossistema que se mantém e renasce. Portanto, não há como abordar setor imobiliário sem mencionar a preocupação com meio ambiente.

Temos de nos dirigir à nossa grande Terra. Somos todos habitantes da mesma casa e precisamos ter essa visão não só de pertencer ao mesmo planeta, como de cuidar dele para que os recursos se renovem e não acabem. Esse sentimento de sustentabilidade, renovação, pertencimento e cuidado é a força feminina do futuro que precisa estar presente em nossas lideranças. Há um longo caminho pela frente, mas é essa energia feminina que está pensando na continuidade do nosso planeta.

OS BENEFÍCIOS QUE A MULHER TRAZ PARA O SETOR IMOBILIÁRIO

Ao falarmos em moradia, temos de considerar que existe a construção da casa e que existe a construção de um lar. Enquanto um é bastante material, o outro é abstrato e possui uma energia feminina predominante e responsável por manter um lar nutrido, saudável e unido.

O mercado imobiliário, seja ele comercial, residencial ou de investimentos, é um setor que projeta os seus ativos por no mínimo cinquenta anos. Portanto, é um segmento que pensa a longo prazo e tem, muitas vezes, uma curva bastante grande, já que um único empreendimento imobiliário pode mudar estruturas inteiras dentro de uma cidade.

Como arquiteta, considero as construções como os ambientes em que vivemos, habitamos e trabalhamos, e é essencial que a energia feminina esteja mais presente nessas concepções. Penso nisso em uma analogia da mulher que gesta uma vida dentro do ventre antes de dar à luz: assim como ela, o mercado imobiliário também constrói e gera vida dentro dos projetos, criando os espaços de moradia, trabalho e serviços nos quais a sociedade está presente, onde há luz.

Passamos 87% da nossa vida dentro de edificações, e a forma como esses espaços são projetados e construídos afeta nossos sentimentos e comportamentos. O filósofo suíço-britânico Alain de Botton destaca em seu livro *A arquitetura da felicidade* que "um lar é um espaço que consegue tornar consistentemente disponíveis para nós as verdades importantes que o mundo amplo ignora ou que nosso eu distraído tem dificuldade em manter"[9]. Isso significa que as pessoas são influenciadas de forma significativa e decisiva pela arquitetura à sua volta, seja a do lar, a do trabalho ou a das ruas.

É interessante percebermos a similaridade dessa concepção de energia, da visão e criação de lar com a gestação, já que a feminina tende a transmitir uma sensação de continuidade e de multiplicação de espaços. De um ventre, multiplicamos a vida; quando construímos um prédio, estamos criando diversos espaços que antes não existiam.

Quando penso em benefícios que as mulheres podem trazer para o setor, gosto de considerar dois aspectos: o primeiro é a energia feminina em si, que pode ser exercida por um homem ou por qualquer gênero; a segunda é a consciência de que a mulher pode agregar diferenciais para o setor.

A energia masculina que hoje ainda é manifestada pelo setor levou o mercado a uma atuação mais especulativa, de certa

---

9. Alain de Botton, *A arquitetura da felicidade*. Rio de Janeiro: Rocco, 2007.

agressividade e exploração sem que houvesse a preocupação com a continuidade, e por isso é tão urgente que as mulheres entrem em cena: para resgatar esse equilíbrio que o setor não teve, mas precisa ter. Os espaços estão escassos, e a sociedade precisa de melhores ambientes para viver em uma comunidade que se conserve, agregue e se ajude mais.

A presença da mulher se reflete positivamente não só no produto imobiliário e na construção de uma sociedade melhor, como também agrega valores dentro das empresas, como apresentamos anteriormente. Com todos esses indicadores, fica evidente que a presença da mulher é essencial, seja num contexto corporativo, social ou de construção de sociedade.

A MULHER COMO PROPRIETÁRIA

Um dos fundadores da Singularity University, o inventor e futurista Ray Kurzweil, fala sobre o contexto da singularidade: "Máquinas cujos intelectos serão enormemente superiores aos humanos em todas as áreas dividirão e disputarão espaço conosco". Essa asserção se aproxima cada vez mais da realidade. Com o advento dos computadores quânticos, as máquinas vão pensar em um escala infinitamente superior à do cérebro humano. E, quando esse momento chegar, o que vai nos diferenciar das máquinas é a nossa espiritualidade.

Linha do tempo da singularidade tecnológica

A ascensão do intelecto humano poderia ser impulsionada pela integração com as máquinas no futuro.

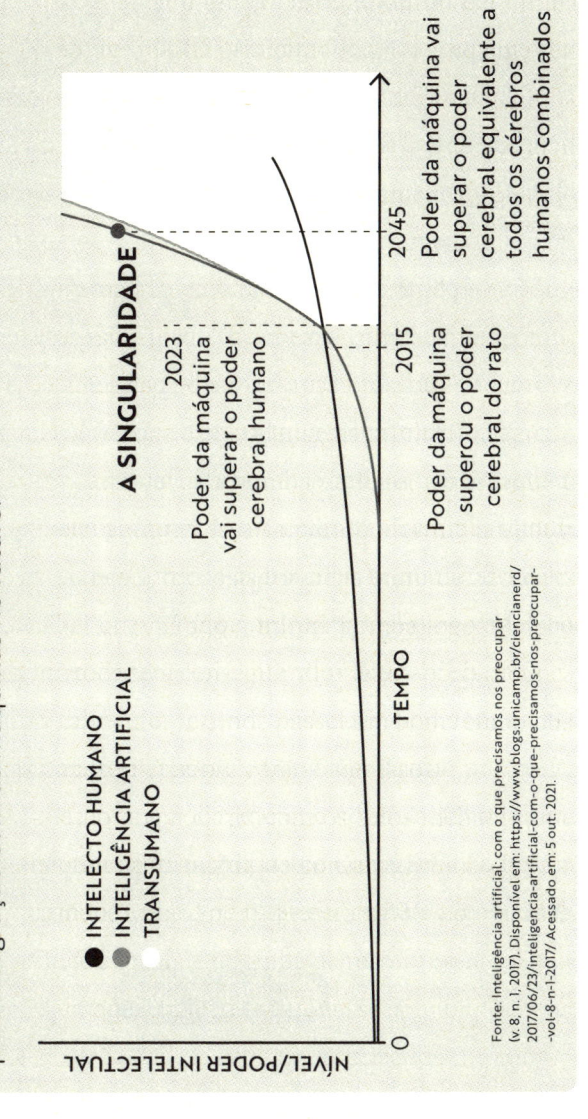

- ● INTELECTO HUMANO
- ● INTELIGÊNCIA ARTIFICIAL
- ○ TRANSUMANO

A SINGULARIDADE

2023 — Poder da máquina vai superar o poder cerebral humano

2045 — Poder da máquina vai superar o poder cerebral equivalente a todos os cérebros humanos combinados

2015 — Poder da máquina superou o poder cerebral do rato

TEMPO

NÍVEL/PODER INTELECTUAL

Fonte: Inteligência artificial: com o que precisamos nos preocupar (v. 8, n. 1, 2017). Disponível em: https://www.blogs.unicamp.br/ciencianerd/2017/06/23/inteligencia-artificial-com-o-que-precisamos-nos-preocupar-vol-8-n-1-2017/ Acessado em: 5 out. 2021.

AS PROPRIETÁRIAS

Nesse contexto, estamos em um momento de tomada de consciência e de grande luz não só das mulheres, mas também da sociedade como um todo. É como se estivéssemos cegos, inconscientes e sem a percepção de que essa dinâmica sequer existia. Agora é o momento de vivenciarmos uma reparação histórica em diversos segmentos.

Vamos pegar, como exemplo, a voz feminina na transformação digital. No Brasil, o comando por voz das assistentes virtuais cresceu substancialmente durante a pandemia, e já somos o terceiro país com o maior número de usuários no Google Assistant, apenas para citar um exemplo. Além disso, 37% dos usuários usam o recurso pelo menos três vezes na semana. Entre aqueles que utilizam smartphones, quase a metade acessa assistentes de voz no telefone ou em casa.

Quando entrevistei a futurista Ligia Zotini para a edição #52 do meu podcast Vieses Femininos, em julho de 2019, falamos sobre liderança e futuro. Na conversa, abordamos como a era da assistência, ou de comandos por voz, se tornaria parte do nosso cotidiano. O que hoje já é uma realidade. Para ouvir o conteúdo na íntegra, acesse o QrCode a seguir:

O que não é mais tanta novidade é o fato de que essas vozes virtuais, como Cortana (Windows), Alexa (Amazon), Siri (Apple), Bia (Bradesco), Cris (Crefisa) e Lu (Magazine Luiza), validam a força feminina no comando de uma sociedade preocupada com e como "servir às pessoas".

Faça comigo o exercício de imaginar um futuro (e presente) no qual o feminino está vinculado à assistência e seja honesta(o) comigo: o que te veio à mente? Falo por mim: minha primeira reação foi com base na construção das minhas referências machistas de uma sociedade ainda desnorteada. "Como assim, as mulheres continuam exercendo uma posição subserviente nesse futuro e presente tecnológico?"

Desde abril de 2021, exerço uma atuação como influenciadora da SAP, uma das maiores empresas de tecnologia do mundo, e, em julho, fiz uma *live* com dois profissionais da empresa: Christian Geronasso, *innovation advisor* da SAP Brasil, e Luciana Coen, diretora de estratégia e responsabilidade corporativa, sobre os vieses inconscientes dos algoritmos, essencialmente os de gênero.

Em janeiro de 2020, Geronasso escreveu sobre os impactos dos vieses inconscientes raciais e sexistas na Inteligência Artificial[10].

---

10. Christian Geronasso, Inteligência Artificial, o caminho para um novo Apartheid? *LinkedIn*, 16 jan. 2020. Fonte: https://www.linkedin.com/pulse/intelig%C3%AAncia--artificial-o-caminho-para-um-novo-christian-geronasso/. Acessado em: 20 jul. 2021.

Ele destacou quão tendenciosa pode ser uma análise de dados quando essas premissas não são consideradas, citando o episódio, ocorrido em novembro de 2019, de quando a Apple passou a oferecer a seus clientes o Apple Card, um cartão de crédito desenhado para consumidores atingirem uma vida financeira mais saudável.

Ele contou que David, casado com Jamie Heinemeier Hansson, compartilhou em sua conta do Twitter que, apesar de sua esposa possuir um melhor *score* de crédito, de deterem partes iguais em suas propriedades e de declararem seus impostos de forma conjunta, ele possuía vinte vezes mais crédito para empréstimo que sua esposa. Nem mesmo Steve Wozniak, cofundador da Apple, escapou: ele e sua esposa compartilham tudo, desde sua conta bancária até seus ativos, mas o crédito em seu Apple Card era dez vezes superior ao dela.

No mesmo mês em que participei dessa conversa virtual sobre os impactos dos vieses inconscientes de gênero na análise dos dados e no algoritmo, resolvi fazer um teste nas minhas redes sociais. Escolhi uma postagem em que eu perguntava "quantas mulheres do imobiliário você segue?" aos meus mais de 7 mil seguidores no Instagram naquela época. A postagem recebeu mais de duzentas curtidas e centenas de comentários, essencialmente feitos por mulheres, marcando outras dezenas de mulheres.

Ao selecionar os dados para impulsionar a postagem, escolhi a opção de definir o público no "automático", o que significa que o Instagram faz o direcionamento para pessoas "como os seus seguidores". Pois bem, o perfil dos meus seguidores até então era 78% feminino, e, após três dias da postagem patrocinada, aumentei em 2 pontos percentuais o número de homens entre os meus seguidores! Isso mesmo, o algoritmo analisou uma publicação comentada essencialmente por mulheres, um perfil seguido majoritariamente por mulheres e direcionou para uma audiência de 71% de homens que seguiam o meu perfil. Essa foi a decisão "automática" do algoritmo neste estudo de caso.

Agora, imagine se eu fosse uma marca de produto feminino que optasse por essa versão automática da plataforma para vender mais produtos. Teria jogado meu dinheiro no lixo! Em resumo, os impactos dos vieses de gênero na interpretação dos dados são uma realidade não só do meu perfil do Instagram, mas um assunto global.

Para que possamos combater o preconceito de gênero também na IA e em outros aspectos da tecnologia, a Organização das Nações Unidas para a Educação, a Ciência e a Cultura (Unesco) propõe o desenvolvimento de um instrumento global abrangente: a definição de padrões para fornecer uma base ética e sólida, uma ferramenta que proteja e promova igualmente os direitos e a dignidade humana. O lançamento foi marcado para novembro de 2021 aos Estados-membros na Conferência Geral da Unesco, em sua 41ª sessão.

Caso seja adotado, será uma bússola de orientação ética e um alicerce normativo global que permitirá construir um forte respeito pelo Estado de Direito no mundo digital. A organização alerta que apenas 22% de todos os profissionais de IA são mulheres. Por estarem sub-representadas na indústria, o sexismo e os estereótipos têm sido reproduzidos nas soluções tecnológicas desenvolvidas por quem ainda carrega esses vieses inconscientes.

Se a era da assistência é feminina, é urgente que essa linguagem seja praticada não apenas por robôs e softwares, mas principalmente por quem os desenvolve[11]. Levando isso em consideração, como podemos nos espelhar nos exemplos de lideranças políticas propositivas para tornar as nossas empresas mais humanizadas e consequentemente, como previu Ray Kurzweil, prosperar na era dos dados?

Quando trago a mulher como proprietária, vejo um ponto de virada, e falo isso porque as mulheres costumam ter essa

---

11. Elisa Tawil, A era da assistência feminina: fim ou começo? Coluna Empresas Shakti, HSM *Management*, 15 jul. 2021. Fonte: https://www.revistahsm.com.br/post/a-era-da-assistencia-feminina-fim-ou-comeco. Acessado em: 15 ago. 2021.

espiritualidade e a sensibilidade mais afloradas. É como se estivéssemos entrando em uma nova era, e a figura da mulher como dona do seu patrimônio, investidora e decisora é uma consolidação dessa fase. Estamos, finalmente, saindo de uma relação dominadora, em que somos a parte extremamente passiva e submissa, para uma nova dinâmica, que de forma alguma domina os homens, mas sim as próprias decisões e o próprio espaço.

Acredito que, quando as nossas relações são intermediadas pela tecnologia, se destaca quem tem em seu discurso um caráter humanizado e consciente: na preocupação com quem está em *home office*, com a família confinada e em como está a dinâmica dessa casa.

MAIORIA MINORIZADA

O mercado imobiliário é o responsável por *construir* a sociedade na qual vivemos, seja a casa onde habitamos, o nosso local de trabalho ou onde vamos comprar, produzir e consumir. Mas se o imobiliário é o responsável por arquitetar todos os locais que a sociedade frequenta, que sociedade é essa?

Levando em consideração os dados do IBGE já apresentados sobre a proporção de mulheres brasileiras, quando estamos em uma mesa de concepção de um produto para desenvolvimento imobiliário e não há nenhuma mulher participando da elaboração desse projeto, com uma mente feminina, como podemos garantir que o interesse dos 51,8% estará representado?

A historiadora e escritora austríaca Gerda Lerner descreve esse cenário muito bem em seu livro *A criação do patriarcado*: "As mulheres são maioria, mas são estruturadas em instituições sociais como se fossem minoria"[12]. Precisamos trazer o reflexo da sociedade para dentro dos espaços onde as decisões são tomadas. Porque, geralmente, o masculino – daquele tripé masculino, machista e masculinizado de que falamos antes – está dentro dos espaços onde as decisões são tomadas. São eles que estão nas mesas de decisão. É muito fácil ouvir por aí empresas dizendo que têm muitas mulheres no quadro de funcionários; agora, quantas estão em posição de liderança ou em cargos de tomada de decisão?

A filósofa, feminista negra, escritora e acadêmica brasileira Djamila Ribeiro descreve de forma brilhante essa necessidade de retomada de consciência no livro *Pequeno manual antirracista*: "Perceber-se é algo transformador. É o que permite situar nossos privilégios e nossas responsabilidades diante de injustiças contra grupos sociais vulneráveis"[13].

---

12. Gerda Lerner, *A criação do patriarcado*. São Paulo: Pensamento-Cultrix, 2019.
13. Djamila Ribeiro, *Pequeno manual antirracista*. São Paulo: Companhia das Letras, 2019.

Quero que as pessoas percebam que o mercado imobiliário existe para construir todos os locais que nossa sociedade habita, trabalha e utiliza e que ele deveria ter a consciência de que a representatividade dentro dos espaços em que as decisões são tomadas não está correta. É necessário ainda fazer um recorte da diversidade racial. Precisamos falar não apenas da equidade de gênero, mas também do mercado que é essencialmente branco. Falo isso com a consciência de que sou uma mulher branca, privilegiada e com todas as minhas boas condições sociais.

> **Estamos, finalmente, saindo de uma relação dominadora, em que somos a parte extremamente passiva e submissa, para uma nova dinâmica, que de forma alguma domina os homens, mas sim as próprias decisões e o próprio espaço.**

No mesmo ano em que empreendi, abrindo a minha própria empresa de desenvolvimento imobiliário com alguns sócios, tive a oportunidade de ser convidada por Luana Genót para atuar como embaixadora do ID_BR (Instituto Identidade do Brasil). Luana é empresária, jornalista, ativista pela igualdade racial, fundadora do Instituto Identidades do Brasil e a idealizadora da campanha *Sim à Igualdade Racial*. Por 1 ano e 8 meses, pude aprender sobre o meu papel como mulher branca na luta antirracista. Quantas pessoas brancas param para refletir sobre isso?

FORÇA EXTRA

Um olhar equivocado no processo de tomada de espaço acontece principalmente quando reagimos a esse movimento com frases como "mas as mulheres já têm um espaço", "mas o espaço está aí, é só você pegar, por que você não foi atrás dessa vaga ainda?" e até "a culpa é sua se você não foi atrás do que queria". Então o que significa dizer que as mulheres precisam de espaço? É compreender que devemos colocar mais peso e força para compensar uma balança que está desequilibrada.

Se fizermos uma comparação com uma gangorra, considerando que os pesos em cada lado não são iguais, precisamos de uma força extra, pontual e direcional para que ela saia da inércia. Ou seja, quando dizemos que as mulheres necessitam de espaços, estamos falando de espaços de fala, de poder e de tomada de decisão, e não porque são mulheres, mas porque têm a condição de fazer o mesmo trabalho com os diferenciais que a gente dispõe para representar e equilibrar a sociedade.

Esse espaço tem que ser concedido pelas empresas e articuladores do setor, de forma consciente e consistente, sabendo que é um espaço importante e necessário, e não apenas porque é um assunto que "está na moda" ou para "ficar bem na foto". É claro que, infelizmente, isso pode estar acontecendo e, para chegarmos aonde queremos, será necessário tolerar muitas atitudes insensatas.

Então o que significa dizer que as mulheres precisam de espaço? É compreender que devemos colocar mais peso e força para compensar uma balança que está desequilibrada.

Em abril de 2021, fui chamada para um evento on-line. Enquanto palestrava, os participantes falavam um monte de ofensas no *chat* ao vivo, como: "Isso é assunto de psicólogo, por que você está falando de liderança feminina nesse evento?". Logo percebi que os presentes não faziam a menor ideia do que eu estava fazendo ali, mas sei que ainda vamos precisar encarar situações como essa e quem tem lugar de fala como o meu precisa estar preparada para lidar com isso. Desanima, sim, no entanto temos de saber que é parte do processo para fazer a mudança acontecer. E de fato alguns precisarão de um divã e apoio psicológico para saber lidar com essa realidade.

Atualmente, também existe outra força externa que precisamos considerar e que vai ajudar a impulsionar as empresas a buscar esse equilíbrio: os fundos de investimento imobiliário são grandes decisores de onde o dinheiro deve ser aplicado e, na lógica capitalista em que o dinheiro é que manda – e o imobiliário é um mercado com bases muito capitalistas –, as empresas que apresentem boas práticas, que falem de ESG e que tragam transparência e governança em seus dados serão prioridade para os investidores.

Esse tipo de liderança é composto por forças extremamente femininas. Conforme a sociedade fica mais instruída nessa temática, mais ela exige que as empresas facilitem a conversa com o público feminino e incorporem essas práticas em seus discursos e ações. A pesquisa "A busca pelo imóvel: uma questão de gênero?" identificou que as mulheres valorizam mais as empresas que apresentam certificação e selos de índice de qualidade. Conforme o gráfico a seguir demonstra, 21,8% das mulheres procuram informações sobre certificações e selos de qualidade antes da decisão de compra, enquanto 16,8% dos homens se interessam por pesquisar sobre o tema (a pesquisa ouviu 1.835 pessoas, sendo 50% homens e 50% mulheres, classes A e B, nas cidades de São Paulo, Rio de Janeiro e Porto Alegre, em março de 2020[14]).

---

14. O ideal de quem busca imóvel. *Behup*, 2020. Fonte: https://docs.google.com/presentation/d/e/2PACX-1vQsrfyxH2G1osdcwvZkEIenEVyzGthPpP_HRCJCGMUTFBXzma8ERLQRuT3wOovdJDYCIZJZ6ovyOsYu/pub?start=false&loop=false&delayms=60000&slide=id.g8d23c301d2_0_320. Acessado em: 29 ago. 2021.

Fatores decisivos para compra

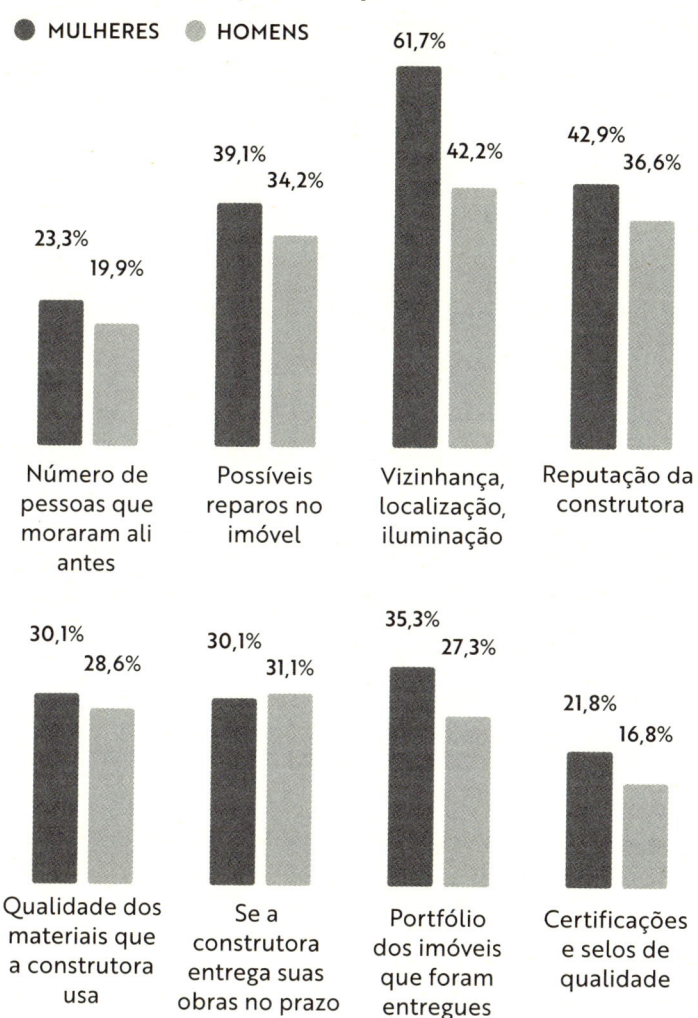

● MULHERES ● HOMENS

Número de pessoas que moraram ali antes
- 23,3%
- 19,9%

Possíveis reparos no imóvel
- 39,1%
- 34,2%

Vizinhança, localização, iluminação
- 61,7%
- 42,2%

Reputação da construtora
- 42,9%
- 36,6%

Qualidade dos materiais que a construtora usa
- 30,1%
- 28,6%

Se a construtora entrega suas obras no prazo
- 30,1%
- 31,1%

Portfólio dos imóveis que foram entregues
- 35,3%
- 27,3%

Certificações e selos de qualidade
- 21,8%
- 16,8%

AS PROPRIETÁRIAS

Então, ao colocarmos a mulher como a grande influenciadora, decisora e compradora, precisamos perceber que ela está atenta a essas políticas de cota e equidade. Se somarmos isso ao o fato de que ela decide não só por si, mas também pelo outro, quem não entrar nesse discurso agora não fará parte da opção de onde o dinheiro será investido.

LÓGICA DE VALORES EQUIVOCADA

Ailton Krenak, líder indígena, ambientalista, filósofo, poeta e escritor brasileiro, tem trazido para a mídia muitos debates interessantes sobre a lógica de valores equivocada que estamos vivendo. Ele reforça a ideia de que precisamos considerar o planeta como parte fundamental da existência humana, pensar no futuro agora e sair da lógica de não dar importância aos recursos naturais.

A ideia de nós, humanos, nos deslocarmos da terra, vivendo numa abstração civilizatória, é absurda. Ela suprime as diversidades, nega a pluralidade das formas de vida, de existências e de hábitos[15].

---

15. Ailton Krenak, *Ideias para adiar o fim do mundo*. São Paulo: Companhia das Letras, 2019.

A percepção da finitude do espaço foi muito bem representada pela célebre frase do escritor americano Mark Twain, em *As aventuras de Huckleberry Finn*: "Compre um terreno – eles não estão fazendo mais dele".

Tendo isso em consideração, quero trazer aqui alguns elementos de dois movimentos contemporâneos que buscam orientar os negócios para uma visão de presente e futuro mais sustentável: o Capitalismo Consciente[16] e o Sistema B[17].

O Capitalismo Consciente é um movimento global que se originou nos Estados Unidos e está fundamentado em quatro pilares: propósito maior, cultura consciente, liderança consciente e orientação para *stakeholders*. As empresas associadas ao movimento entendem que seu propósito deve ser maior do que simplesmente a geração de lucros: deve ser a causa pela qual ela existe. Com isso, é extremamente importante que exista a liderança consciente, porque serão os líderes os responsáveis por servir a esse propósito maior.

Já o Sistema B não abarca as melhores empresas do mundo, mas sim as melhores empresas **PARA** o mundo. As associadas ao

---

16. O movimento. *Capitalismo Consciente Brasil*. Fonte: https://www.ccbrasil.cc/movimento. Acessado em: 16 maio 2021.
17. *Sistema B Brasil*. Fonte: https://www.sistemabbrasil.org/. Acessado em: 16 maio 2021.

movimento têm como objetivo redefinir o significado de sucesso econômico, considerando não apenas o êxito financeiro, mas também o bem-estar do planeta e da sociedade.

Se considerarmos a construção civil, vamos perceber que o mercado imobiliário é um setor que gasta uma infinidade de recursos naturais: minerais, hídricos e elétricos são explorados todos os dias; por isso a importância de repensarmos os nossos valores dentro do setor.

André Czitrom, CEO da Magik JC, uma rara empresa do setor certificada pelo Sistema B, sente isso na prática e reconhece que os negócios aliam impacto socioambiental positivo ao lucro: "Embora nosso negócio seja num setor tradicional, a gente o aborda de forma diferente, com impacto, pensando na cidade. A ideia é respeitar as pessoas, respeitar heranças culturais e arquitetônicas da região"[8].

Precisamos reconhecer que, se trabalhamos com empreendimentos que duram por mais de cinquenta anos, a nossa marca e o nosso legado enquanto empresa também estarão vinculados a isso, mesmo que nós não estejamos mais no planeta.

---

18. Vanessa Adachi, Com dinheiro do Fundo Verde, a Magik JC vai escalar moradia popular no centro de SP. *Reset*, 25 maio 2021. Fonte: https://www.capitalreset.com/com-dinheiro-do-fundo-verde-a-magik-jc-vai-escalar-moradia-popular-no-centro-de-sp/. Acessado em: 10 jun. 2021.

Devemos começar a nos perguntar: o que eu estou deixando através de uma construção por meio do mercado imobiliário? Ao fazermos essa reflexão, começaremos a trazer para o setor a lógica de valores do Capitalismo Consciente.

> **O que eu estou deixando através de uma construção por meio do mercado imobiliário?**

> Talvez o pilar mais fundamental do capitalismo consciente seja reimaginar a liderança. Líderes conscientes são, basicamente, altruístas, eles se importam mais com as pessoas e com o propósito do empreendimento do que com seus próprios egos e ganhos pessoais, eles buscam "poder com" e não "poder sobre" as pessoas[19].

Essa dinâmica de "poder com" em vez de "poder sobre" também é extremamente relevante, porque muda completamente a percepção de competição que temos atualmente. Deixamos para trás uma prática de disputa para perceber que, quanto mais gente ganhar, melhor para todos.

Outro raciocínio interessante que podemos trazer a partir dessa reflexão é a ideia de jogos finitos e jogos infinitos, que

---

19. Nilima Bhat e Raj Sisodia, op. cit.

Simon Sinek explora em seu livro O *jogo infinito*. O autor trabalha os conceitos definidos pelo professor James P. Carse da seguinte forma:

> Jogos finitos têm participantes conhecidos, regras fixas e um objetivo claro, que, ao ser alcançado, encerra o jogo. Nele, vencedores e perdedores são facilmente identificados, como numa partida de futebol ou de xadrez.
>
> Em jogos infinitos – como os negócios, a política e até a própria vida –, os participantes estão sempre mudando e as regras não são precisas. Não existem vencedores e perdedores. Não há como ter "negócios vitoriosos" ou como "vencer na vida", por exemplo[20].

O maior erro do mercado imobiliário é encará-lo como uma dinâmica de jogos finitos, o que é uma crença limitante do setor que precisa ser modificada. Precisamos começar a enxergar o mercado imobiliário como um jogo infinito. Quando essa crença e esse pensamento forem modificados, faremos com que as futuras gerações tenham como referência o que estamos construindo agora. É necessário perceber que os elementos arquitetônicos que construímos no presente, seja para moradia, para o trabalho

---

20. Simon Sinek, *O jogo infinito*. Rio de Janeiro: Editora Sextante, 2020.

ou para os serviços, também fazem parte da nossa história. São construções que contam a nossa história.

A nossa existência no setor imobiliário não pode mais estar limitada a dar retorno aos acionistas. Essa não pode mais ser a única lógica do nosso mercado, e, se a sua empresa está pautada nisso, ela está fazendo um desserviço para a sociedade.

Agora, se a sua empresa traz construções que realmente agreguem valor para a sociedade, seja em bem-estar, em geração de emprego, em construção social, reformulando bairros, promovendo atividades sociais ou até mesmo construindo empreendimentos de alto padrão, mas com reflexos em prol de entidades, aí sim você está entrando em um modelo de economia sustentável que usa o "poder com" para fazer diferença no mundo.

Quero deixar aqui algumas perguntas para uma leitura individual e um exercício de percepção:

- O que estou fazendo pela sociedade?
- Qual é a construção que eu estou deixando?
- Qual é o meu legado?
- Estou participando de um jogo finito ou de um jogo infinito?
- Quem sou eu nessa estrutura e qual é o meu papel?

Caso você não seja empresária(o) do setor, faço o convite para outras reflexões. Muitas vezes estamos acostumados a usar o nosso sobrenome corporativo para existir – por exemplo, Elisa da eXp. Se você não tem uma empresa por trás, isso significa que você não é ninguém? Será que você está construindo uma atuação no seu cenário, no seu trabalho e na sua vida que faz sentido para você?

Imagino que muitas pessoas que chegaram até esse ponto do livro podem começar a se questionar "se eu não estivesse na empresa em que estou, o que eu estaria fazendo?". Se você não sabe, esse também é o momento de renegociar suas crenças e valores e de perceber como está vivendo.

RECONHECER QUE A SOCIEDADE PRECISA SER ATUALIZADA

Uma crise sanitária e humanitária como a da pandemia do coronavírus nos fez perceber, entre tantas coisas, quanto e quão rápido os bens de consumo podem perder valor. A sociedade precisa com urgência passar por uma atualização para que possamos ressignificar os valores que exaltamos neste novo contexto.

Simon Sinek, em uma de suas entrevistas[21], falou sobre como perdemos a noção dos verdadeiros propósitos. Assim como a finalidade de um carro não é comprar combustível e sim nos

---

21. Simon Sinek, *Businesses do NOT exist to make money*. YouTube, [s.d.]. Fonte: https://www.youtube.com/watch?v=ACzhpCdfEdY. Acessado em: 16 maio 2021.

transportar para algum lugar, o propósito de uma empresa não pode ser fazer dinheiro. O combustível e o dinheiro devem, sim, nos auxiliar a atingir um objetivo, mas não podem se tornar o propósito em si. O propósito de uma empresa deve ser trazer alguma transformação para a sociedade, e o dinheiro, uma ferramenta para nos ajudar a chegar a esse objetivo, como meio e não como fim.

EXERÇA A LIDERANÇA

Em março de 2016, dei à luz o meu segundo filho, Josh. A gravidez dele foi diferente da minha primeira filha, Cora, em 2014. Durante a gestação dela, eu havia trabalhado até uma semana antes do nascimento e, ainda no período de licença-maternidade, fui ao escritório dar continuidade a uma importante negociação na qual eu estava envolvida. Me lembro de ter levado meu pai para ficar com ela, na época com três meses de idade, enquanto eu estava na sala de reuniões e só saía para amamentar em outra sala.

A segunda gravidez foi bem diferente. Eu tive uma pneumonia aos oito meses de gestação, e, por mais que pensasse em trabalho, o meu corpo dizia o contrário: "Chega!". Eu precisava diminuir o ritmo.

Quando voltei da licença, meu cargo de gerente sênior tinha sido colocado em xeque. Com poucos desafios e praticamente sem projetos para desenvolver, passar mais tempo no trânsito e com colegas de trabalho do que com meus filhos começou a não fazer sentido para mim.

Então, tomei uma decisão e abri mão dessa experiência de expectativas angustiantes e longas horas parada no carro. Comecei a rever minha carreira em perspectiva: o que poderia oferecer e para quem? Quais eram as minhas habilidades?

Em um misto de necessidade e desejo, decidi empreender e, já em janeiro de 2017, resgatei meu fundo de garantia, aposentei o crachá e parti para um recomeço no universo empreendedor. Ali, descobri o real poder das conexões e do verdadeiro *networking*. Mas foi também quando me dei conta, pela primeira vez, de quanto eu estava sozinha.

A relação com os meus sócios não foi muito bem. Uma sócia desistiu logo no início, e poucos meses depois ouvi do outro sócio que ele não acreditava em mim. O término foi difícil e custoso, tanto financeira quanto emocionalmente. Quando tudo acabou e coloquei um ponto-final nessa história, eu já não tinha vontade de trabalhar no setor imobiliário. Achava que não havia espaço para mim, que os meses afastada do universo corporativo tinham criado uma barreira que impossibilitava essa reconexão.

Senti a síndrome da impostora bater forte. Eu tinha vergonha do mercado imobiliário e achava que não podia mais voltar a trabalhar. Como eu podia pedir um emprego depois de ter falhado como empreendedora?

Já falamos aqui sobre a jornada da heroína de Maureen Murdock, e em muitos momentos consigo encontrar a narrativa dela na minha própria jornada. Na visão dela, a trajetória feminina tem o chamado para a aventura, passando pela morte da infância e pela ressurreição como a mulher adulta. O meu chamado para a aventura foi a maternidade. Quando me tornei mãe, me conectei com a minha essência feminina. Foi quando, essencialmente, me percebi mulher. Talvez, se eu não tivesse sido mãe, eu não tivesse feito nada do que eu fiz até aqui. Senti uma força quase primitiva e selvagem com essa experiência.

Na versão da heroína, a jornada continua com a morte da infância, enquanto na heroica esta etapa é chamada de trauma. Eu vivenciei a morte da minha infância quando vi todo o meu sonho empreendedor desmoronar e, com ele, uma amizade de mais de quinze anos e a confiança nas pessoas profundamente abalada.

Quando li o livro *Mulheres que correm com os lobos*, da autora Clarissa Pinkola Estés, me deparei com um trecho que me fez pensar muito nesse momento da minha vida: "A melhor terra para semear e fazer crescer algo novo outra vez está no fundo. Nesse sentido, chegar ao fundo do poço, apesar de extremamente doloroso, também é um terreno para semear"[22].

Aprendi com o empreendedorismo a ser mais leve, a testar, a errar – a não ter medo de errar! – e a compreender o que funciona ou não. Faltava então descobrir qual seria a minha ressurreição como mulher adulta (a transformação, na versão heroica), e foi durante um almoço com o meu marido, Marc, que a ideia surgiu.

Em um dia de semana, enquanto conversávamos sobre possibilidades para a minha carreira, ouvi dele que eu deveria procurar algum grupo feminino, porque o que eu havia vivido nos últimos meses precisava ser compartilhado com outras mulheres. Naquele exato momento, me deu um clique e pensei: "É isso. A única coisa que ninguém pode tirar de mim é o fato de eu ter nascido mulher". Eu queria fazer a diferença para o meu mercado.

Já na semana seguinte, me filiei a um dos maiores grupos femininos do Brasil, o Mulheres do Brasil, como trouxe há alguns capítulos. Participei ativamente de reuniões, projetos e eventos e mostrei, especialmente para mim mesma, que eu não era uma farsa.

---

22. Clarissa Pinkola Estés, *Mulheres que correm com os lobos*. Rio de Janeiro: Rocco; 2018.

Enquanto não sabia qual norte dar à minha carreira, comecei a produzir o podcast Vieses Femininos. Meu desejo era quebrar esses estereótipos de que mulheres precisam abrir mão da carreira para se dedicar aos filhos e à família, de que sabem negociar ou qualquer outro viés inconsciente que pudesse nos limitar.

Enquanto produzia o podcast durante a noite, após colocar as crianças na cama, continuava também a aprofundar o meu conhecimento no modelo de liderança Shakti. O livro já havia chamado a minha atenção por abordar o equilíbrio entre o poder feminino e o masculino nos negócios e, continuando nos estudos, compreendi esse conceito de liderança que propõe algo muito maior ao trazer a energia da força feminina como fonte de transformação de que precisamos para resgatar o equilíbrio em todas as formas de liderar.

O processo de transição de carreira é lento, e eu compreendi isso na prática. Naquele momento, meu sentimento era de estar com cada pé em uma canoa, com cada uma indo em direções muito distintas. Durante a travessia para a outra margem do rio, fui navegando em águas ora turbulentas, ora calmas demais. Quantas noites insones e dívidas e dúvidas... Várias vezes eu quis desistir.

Essa sensação de enxergar a outra margem do rio, mas não conseguir alcançá-lo por não ter equilíbrio, seguiu comigo por muitos meses, até que o processo final para a certificação em liderança Shakti chegou.

Na Croácia, na cidade de Shibenik, após mostrar o meu podcast como projeto de conclusão do curso, fui questionada sobre o que iria fazer em relação à minha carreira no mercado imobiliário. Naquele momento, entendi que nenhuma das canoas abaixo dos meus pés me levaria a lugar algum: eu precisava construir a minha própria embarcação. Um mês após voltar dessa viagem, comecei o movimento **MULHERES DO IMOBILIÁRIO**.

A conclusão da jornada da heroína é descrita por Murdock pela inclusão. Sentir-se parte e pertencer é o nosso "elixir" ou o troféu, a conclusão da jornada na versão heroica. Criar o primeiro movimento pela equidade de gênero no mercado imobiliário nacional foi a forma que encontrei para me sentir incluída e parte do setor.

A principal lição que aprendi estudando liderança foi sobre enxergar um futuro possível para você e seus seguidores e construir o caminho para alcançá-lo. Eu enxergo um mercado que nos ouve e que respeita nossa força, nossa competência, nossa opinião e, principalmente, nossa potência como mães.

Tudo o que trouxe neste livro é parte do que eu tenho feito para mudar uma realidade que me cerca e me incomoda. Se você sabe aonde quer chegar e ninguém nem nada te leva até lá, construa você mesma o seu caminho.

Qual o futuro que você enxerga para você e para os seus?

E o que você tem feito e construído para chegar até ele?

Mulheres, exerçam sua liderança. A nossa força dará à luz o nosso futuro.

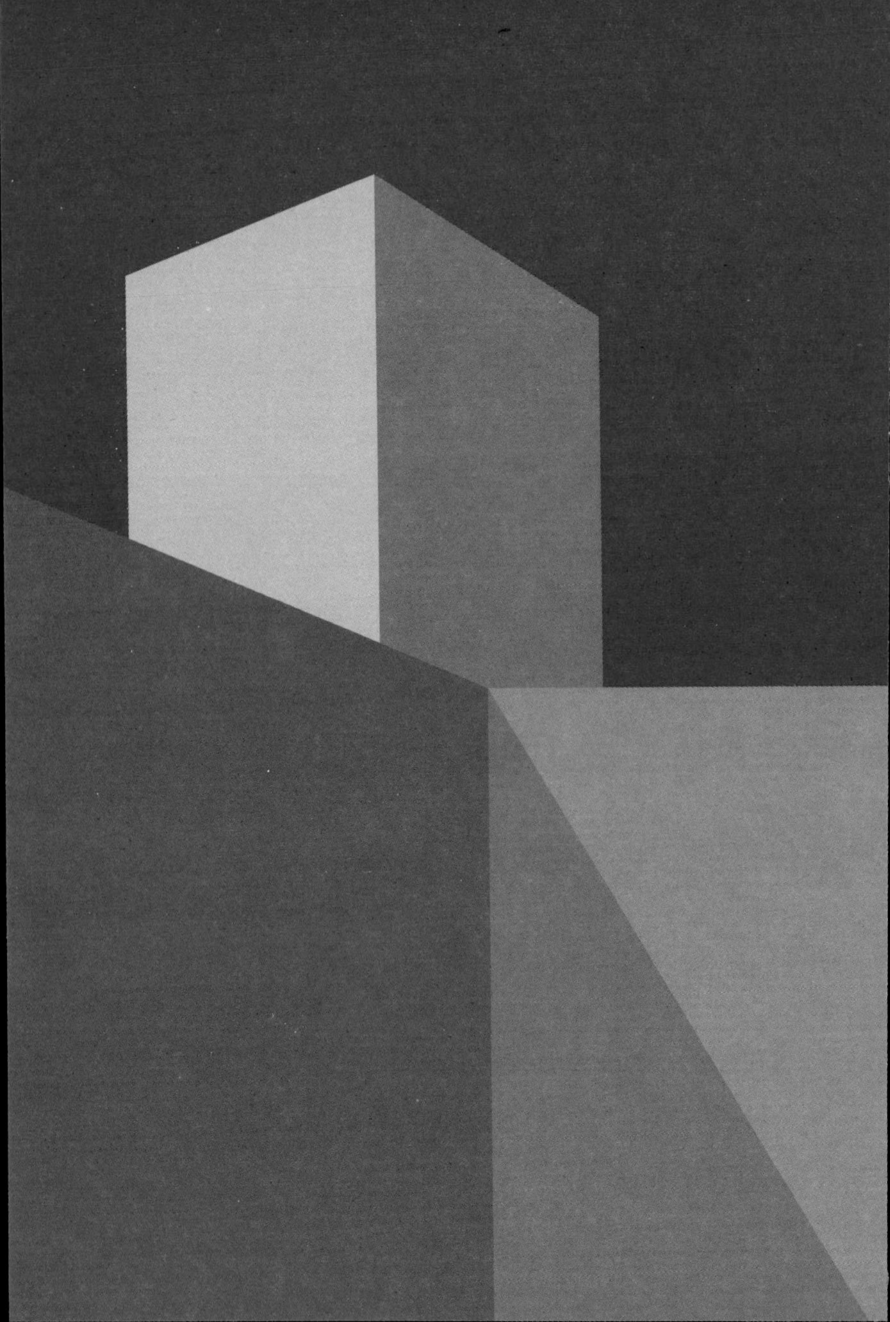

AGRADECIMENTOS

Escrever este livro foi um processo de autoconhecimento e reconhecimento por tantas pessoas fundamentais nesse processo de construção de um setor mais empático com a causa feminina.

Agradeço aos meus pais, à família e a todos que, de alguma forma, foram essenciais na construção de uma jornada profissional e de propósito que me conduziu até aqui.

Tenho um agradecimento especial a Nilima Bhat pela Shakti Fellowship e a todas as minhas colegas desse núcleo, em especial Rebecca Saltman, Andrea Henning e Beth Ruske, da Tiara International LLC.

Quero reforçar a importância dos homens como aliados à causa, agradecendo aos líderes que foram essenciais até aqui e com quem tive a oportunidade de conviver. A Mario Giangrande, por ter acreditado no meu potencial profissional e me provocado a crescer em momentos de crise. Sou grata a toda a equipe e profissionais com quem aprendi nos anos em que estive na BKO Construtora e Incorporadora.

Agradeço a Márcio Buk, pela sua visão de oportunidade e escuta ativa, tão importante para que nós, mulheres, possamos contar com mentores que nos impulsionem quando necessário. Sou grata a Rodrigo Chade, por ter me instigado a expor minhas opiniões e por abrir espaço para que pudesse ser mais ouvida. A David Fratel e a toda a equipe da Viver Incorporadora. Agradeço a Danny Spiewak pela empatia, conexão e abertura de novas possibilidades. Sou grata a Felipe Knudsen e Luiz Henrique Ceotto, pela escuta empática, e a todos com quem pude aprender nos anos em que estive atuando pela Tishman Speyer.

Meus agradecimentos também aos apoiadores do movimento **MULHERES DO IMOBILIÁRIO**: Gustavo Zanotto, Tiago Alves, Diogo e Celso Raimundo, Marcus Araujo, Carlos Paes Leme, Edgard Ueda, Basílio Jafet, João Vianna, Arthur Vieira de Moraes, Rodrigo Werneck, Romeo Busarello, Rodrigo Abraão e Denis Levati. Agradeço a Ricardo Monteiro e Antonio Setin, por reconhecerem o início deste trabalho. Continuo este agradecimento às empresas e instituições que nos apoiam e abrem espaços para mais vozes femininas no mercado imobiliário.

Agradeço às mulheres que me mostraram o significado de sororidade: Nina Silva, Luana Genót, Ana Minuto, Ana Fontes,

Juliana Algodoal, Edwiges Parra, Valéria Oliveira, Daniela Zeidan, Amalia Lindenberg, Gabriela Marques, Miriam Vasserman, Sheila Szymonowicz, Maria Toledo, Deize Vieira, Dani Junco, Priscila Pulzi, Roberta Ambrósio, Karina Lemos, Giovanna Carnio, Giovanna Carrilho, Raquel Trevisan, Haaillih Bittar, Roberta Bigucci, Tizi Weber, Cristina Valle, Alice Oletto, Diana Nacur, Renata Botelho, Lia Meger, Alessandra Arnone, Carolina Dantas, Bianca Setin, Cecília Cavazani, Cecilia Maia Noal, Ester Carro, Fernanda Mustacchi, Fernanda Rosalem, Julia Botelho, Luciana Ismael, Magally Miranda, Maria Julia Temprano, Mariana Senna, Moira Bossolani, Tania Costa, Rafaella Carvalho, Ana Carmem Alvarenga, Geisa Garibaldi, Mariliza Pereira, Adriana Celestino, Carolina Ferreira, Stephany Matsuda, Mariana Ferronato, Laura Henriques, Sol Pires, Luisa Vaz, Lais Machado, Thalita Brunelli, Andrea Caine, Janaína Lima, Mayara Facchini, Gabi Teco, Helena Galante, Alda Marina Campos, Kariny Martins, Ana Clara Tonocchi e Hellen Moreno.

E, claro, a todas as mulheres que me mostraram que, juntas, somos mais fortes!

REFERÊNCIAS BIBLIOGRÁFICAS

ADACHI, Vanessa. Com dinheiro do Fundo Verde, a Magik JC vai escalar moradia popular no centro de SP. *Reset*, 25 maio 2021. Fonte: https://www.capitalreset.com/com-dinheiro-do-fundo-verde-a-magik-jc-vai-escalar-moradia-popular-no-centro-de-sp/. Acessado em: 10 jun. 2021.

ALCÂNTARA, Maurício Fernandes de. Gentrificação. In: *Enciclopédia de antropologia*, FFLCH, 2018. Fonte: https://ea.fflch.usp.br/conceito/gentrificacao. Acessado em: 9 jun. 2021.

ANÁLISE dos resultados do GEM 2015 por gênero. *Gem Brasil 2015*, jul. 2016. Fonte: http://www.bibliotecas.sebrae.com.br/chronus/ARQUIVOS_CHRONUS/bds/bds.nsf/4ee07253fa008eb297c4585b988b0a43/$File/7216.pdf. Acessado em: 28 ago. 2021.

BARBOSA, Marina. Quase metade dos lares brasileiros são sustentados por mulheres. *Estado de Minas*, 16 fev. 2020. Fonte: https://www.em.com.br/app/noticia/economia/2020/02/16/internas_economia,1122167/quase-metade-dos-lares-brasileiros-sao-sustentados-por-mulheres.shtml. Acessado em: 19 maio 2021.

BERTÃO, Naiara. Vocês sabem o que é "telhado de vidro" e por que ele dificulta o crescimento de mulheres? *Valor Investe*, 7 nov. 2020. Fonte: https://valorinveste.globo.com/blogs/naiara-bertao/post/2020/11/voces-sabem-o-que-e-telhado-de-vidro-e-por-que-ele-dificulta-o-crescimento-de-mulheres.ghtml. Acessado em: 9jun 2021.

BERTÃO, Naiara. Número de mulheres na B3 bate a marca histórica de 1 milhão. *Valor Investe*, 4 mai. 2021. Fonte: https://valorinveste.globo.com/mercados/renda-variavel/noticia/2021/05/04/numero-de-mulheres-na-b3-bate-a-marca-historica-de-1-milhao.ghtml. Acessado em: 28 ago. 2021.

BHAT, Nilima; SISODIA, Raj. *Liderança Shakti*: o equilíbrio do poder feminino e masculino nos negócios. Rio de Janeiro: AltaBooks, 2019.

BOTTON, Alain de. *A arquitetura da felicidade*. Rio de Janeiro: Rocco, 2007.

BRASIL. *Lei nº 13.257*, de 8 de março de 2016. Marco Legal da Primeira Infância (MLPI). Disponível em: http://www.planalto.gov.br/ccivil_03/_ato2015-2018/2016/lei/l13257.htm. Acessado em: 09 maio 2021.

BRASIL, Câmara dos Deputados, *Projeto de Lei nº 2.510*, 2020. Fonte: https://www25.senado.leg.br/web/atividade/materias/-/materia/141880. Acessado em: 22 maio 2021.

BUENO, Amanda. Participação de investidores entre compradores de imóveis encerra 2020 em alta. *FizeZap*, 12 fev. 2021. Fonte: https://fipezap.zapimoveis.com.br/participacao-de-investidores-entre-compradores-de-imoveis-encerra-2020-emalta/. Acessado em: 24 jul. 2021.

BUENO, Samira; REINACHI, Sofia. A cada minuto, 25 brasileiras sofrem violência doméstica. *Piauí*, 12 mar. 2021. Fonte: https://piaui.folha.uol.com.br/cada-minuto-25-brasileiras-sofrem-violencia-domestica/. Acessado em: 28 ago. 2021.

CARPALLO, Silvia C. Por que a "síndrome da impostora" continua atormentando as mulheres? *El País*, 13 mar. 2017. Fonte: https://brasil.elpais.com/brasil/2017/03/13/estilo/1489414564_421859.html. Acessado em: 15 maio 2021.

CASTILHO, Paula. Diversity Matters: América Latina. *McKinsey & Company*, 2 jul. 2020. Fonte: https://www.mckinsey.com/br/our-insights/diversity-matters-america-latina. Acessado em: 23 maio 2021.

CASTRO, Mariangela. Mulheres só ganharão o mesmo que homens em 202 anos, diz Fórum Econômico Mundial. *Infomoney*, 8 mar. 2019. Fonte: https://www.infomoney.com.br/carreira/mulheres-so-ganharao-o-mesmo-que-homens-em-202-anos-diz-forum-economico-mundial/. Acessado em: 27 ago. 2021.

COSCIEME, Luca; FIORAMONTI, Lorenzo; TREBECK, Katherine. Women in power: countries with female leaders suffer six times fewer Covid deaths and will recover sooner from recession. *Open Democracy*, 26 mai. 2020. Fonte: https://www.opendemocracy.net/en/can-europe-make-it/women-power-countries-female-leaders-suffer-six-times-fewer-covid-deaths-and-will-recover-sooner-recession/. Acessado em: 28 ago. 2021.

COURY, Sarah; HUANG, Jess; KUMAR, Ankur; PRINCE, Sara; KRIVKOVICH, Alexis; YEE, Lareina. Women in the Workplace 2020. *Mckinsey*, 30 set. 2020. Fonte: https://www.mckinsey.com/featured-insights/diversity-and-inclusion/women-in-the-workplace. Acessado em 28 ago. 2021.

CUDDY, Amy. *O poder da presença*. Rio de Janeiro: Sextante, 2016.

ÇAM, Deniz. As 10 mulheres mais ricas do mundo em 2021. *Forbes*, 8 abr. 2021. Fonte: https://forbes.com.br/forbes-money/2021/04/as-10-mulheres-mais-ricas-do-mundo-em-2021. Acessado em: 8 jun. 2021.

ESTATÍSTICAS SOCIAIS, Registro Civil 2019: número de registros de casamentos diminui 2,7% em relação a 2018. *IBGE*, 9 dez. 2020. Fonte: https://agenciadenoticias.ibge.gov.br/agencia-sala-de-imprensa/2013-agencia-de-noticias/releases/29646-registro-civil-2019-numero-de-registros-de-casamentos-diminui-2-7-em-relacao-a-2018. Acessado em: 27 ago. 2021.

ESTÉS, Clarissa Pinkola. *Mulheres que correm com os lobos*. Rio de Janeiro: Rocco; 2018.

FELLET, João. "Quase apanhei até das mulheres ao defender cotas em empresas", diz dona do Maganize Luiza. *BBB News Brasil*, 20 mar. 2018. Fonte: https://www.bbc.com/portuguese/brasil-43466259. Acessado em: 10 jun. 2021.

FOGUEL, Miguel Nathan; RUSSO, Felipe Mendonça. Decomposição e projeção da taxa de participação do Brasil utilizando o modelo idade-período-coorte (1992 a 2030). *Ipea*, 22 mai. 2019. Fonte: https://www.ipea.gov.br/portal/images/stories/PDFs/mercadodetrabalho/190515_bmt_66_NT_decomposicao_e_projecao.pdf. Acessado em: 28 ago. 2021.

GERONASSO, Christian. Inteligência Artificial, o caminho para um novo Apartheid? *LinkedIn*, 16 jan. 2020. Fonte: https://www.linkedin.com/pulse/intelig%C3%AAnciaartificial-o-caminho-para-um-novo-christian-geronasso/. Acessado em: 20 jul. 2021.

GLOBAL Gender Gap Report 2021. *World Economic Forum*, mar. 2021. Fonte: http://www3.weforum.org/docs/WEF_GGGR_2021.pdf. Acessado em: 28 ago. 2021.

HECKSHER, Marcos. Participação de mulheres no mercado de trabalho cai 50,6% durante a pandemia. *Ipea*, 8 out. 2020. Fonte: https://www.ipea.gov.br/portal/index.php?option=com_content&view=article&id=36794. Acessado em: 28 ago. 2021.

JOINT NEWS RELEASE, The future we expect: women's health and gender equality. *World Health Organization*, 28 jun.2021. Fonte: https://www.who.int/news/item/28-06-2021-the-future-we-expect-women-s-health-and-gender-equality. Acessado em: 28 ago. 2021.

JONES, Rachel. Maioria entre profissionais da saúde, mulheres são minoria em cargos de liderança. *National Geographic Brasil*, 2 set. 2020. Fonte: https://www.nationalgeographicbrasil.com/cultura/2020/09/maioria-entre-profissionais-da-saude-mulheres-sao-minoria-em-cargos-de-lideranca. Acessado em: 28 ago. 2021.

KRENAK, Ailton. *Ideias para adiar o fim do mundo*. São Paulo: Companhia das Letras, 2019.

LERNER, Gerda. *A criação do patriarcado*. São Paulo: Pensamento-Cultrix, 2019.

MULHERES DO IMOBILIÁRIO. *Lares saudáveis por Mulheres do Imobiliário*. YouTube, 17 set. 2020. Fonte: https://www.youtube.com/watch?v=oh24oKBq_uo. Acessado em: 22 maio 2021.

NEWS ROOM. Cultura de igualdade impulsiona inovação no ambiente de trabalho, revela estudo "Getting to Equal 2019". *Accenture*, 9 mai. 2019. Fonte: https://www.accenture.com/br-pt/company-news-release-getting-equal. Acessado em: 28 ago. 2021.

O IDEAL de quem busca imóvel. *Behup*, 2020. Fonte: https://docs.google.com/presentation/d/e/2PACX-1vQsrfyxH2G1OsdcwvZkEIenEVyzGthPpP_HRCJCgMUTFBXzma8ERLQRuT3wOOvdJDYCIZJz6ovyOsYu/pub?start=false&loop=false&delayms=60000&slide=id.g8d23c301d2_0_320. Acessado em: 29 ago. 2021.

O MOVIMENTO. *Capitalismo Consciente Brasil*. Fonte: https://www.ccbrasil.cc/movimento. Acessado em: 16 maio 2021.

PESQUISA do Sebrae mostra que mulheres adotaram mais inovações em suas empresas durante a pandemia. *Agência Sebrae de Notícias*, 24 set. 2020. http://www.agenciasebrae.com.br/sites/asn/uf/NA/pesquisa-do-sebrae-mostra-que-mulheres-adotaram-mais-inovacoes-em-suas-empresas-durante-a-pandemia,b25d469b3c0c4710VgnVCM1000004c00210aRCRD. Acessado em: 15 maio 2021.

PIKETTY, Thomas. *O capital no século XXI*. Rio de Janeiro: Intrínseca, 2014.

PIOVESAN, Eduardo. Mulheres terão preferência no registro de imóveis do Casa Verde e Amarela. *Câmara dos Deputados*, 3 dez. 2020. Fonte: https://www.camara.leg.br/noticias/712841-mulheres-terao-preferencia-no-registro-de-imoveis-do-casa-verde-e-amarela. Acessado em: 16 jun. 2021.

RIBEIRO, Djamila. *Pequeno manual antirracista*. São Paulo: Companhia das Letras, 2019.

SINEK, Simon. *O jogo infinito*. Rio de Janeiro: Editora Sextante, 2020.

SINEK, Simon. *Businesses do NOT exist to make money*. YouTube, [s.d.]. Fonte: https://www.youtube.com/watch?v=ACzhpCdfEdY. Acessado em: 16 maio 2021.

SISTEMA B BRASIL. Fonte: https://www.sistemabbrasil.org/. Acessado em: 16 maio 2021.

SOARES, Jussara. Na reta final, Luiz Trajano faz campanha para tirar candidatas mulheres da "invisibilidade". *Estadão*, 10 nov. 2020. Fonte: https://politica.estadao.com.br/noticias/eleicoes,na-reta-final-luiza-trajano-faz-campanha-para-tirar-candidatas-mulheres-da-invisibilidade,70003509266. Acessado em: 10 jun. 2021.

TAWIL, Elisa. 8 razões pela equidade, muito além do "aumento de lucro aos acionistas". *LinkedIn*, 4 out. 2019. Fonte: https://www.linkedin.com/pulse/8-raz%C3%B5es-pela-equidade-muito-al%C3%A9m-do-aumento-de-lucro-elisatawil/. Acessado em: 23 maio 2021.

TAWIL, Elisa. No meio do caminho tinha uma pandemia. Coluna Empresas Shakti, *HSM Management*, 16 set. 2020. Fonte: https://www.revistahsm.com.br/post/no-meio-do-caminho-tinha-uma-pandemia. Acessado em: 15 maio 2021.

TAWIL, Elisa. A nova era do empreendedorismo. Coluna Empresas Shakti, *hsm Management*, 29 jan. 2021. Fonte: https://www.revistahsm.com.br/post/a-nova-era-do-empreendedorismo. Acessado em: 15 maio 2021.

TAWIL, Elisa. Lições de líderes humanizados em tempos de pandemia. Coluna Empresas Shakti, *hsm Management*, 30 abr. 2021. Fonte: https://www.revistahsm.com.br/post/licoes-de-lideres-humanizados-em-tempos-de-pandemia. Acessado em: 15 maio 2021.

TAWIL, Elisa. O mercado por elas: fundos geridos por mulheres rendem mais? *Exame. Invest*, 31 maio 2021. Fonte: https://exame.com/blog/genoma-imobiliario/o-mercado-por-elas-fundos-geridos-por-mulheres-rendem-mais/. Acessado em: 10 jun. 2021.

TAWIL, Elisa. As investidoras do mercado imobiliário. *Imobi Report*, 5 jul. 2021. Fonte: https://imobireport.com.br/as-investidoras-do-mercado-imobiliario/. Acessado em: 24 jul. 2021.

TAWIL, Elisa. A era da assistência feminina: fim ou começo? Coluna Empresas Shakti, *hsm Management*, 15 jul. 2021. Fonte: https://www.revistahsm.com.br/post/aera-da-assistencia-feminina-fim-ou-comeco. Acessado em: 15 ago. 2021.

THE GENERATIONS BIRTH YEARS. *Jason Dorsey*, [s.d.]. Fonte: https://jasondorsey.com/about-generations/generations-birth-years/. Acessado em: 9 jul. 2021.

TOBIAS, Paulo Balint. Brasileiros estão mais estressados no home office. *LinkedIn*, 2020. Fonte: https://www.linkedin.com/news/story/brasileiros-est%C3%A3o-mais-estressados-no-home-office-4836924/. Acessado em: 28 ago. 2021.

WINFREY, Oprah. What Oprah knows for sure about real power. *Oprah.com*. Fonte: https://www.oprah.com/spirit/what-oprah-knows-for-sure-about-real-power. Acessado em: 9 jun. 2021.

Esta obra foi composta por Maquinaria Editorial na família tipográfica FreightText Pro e Brother 1816. Capa em papel triplex 250 g/m² – Miolo em papel pólen 80 g/m². Impresso pela gráfica Viena em outubro de 2021.